Schriften des deutschen Vereins

für

Armenpflege und Wohlthätigkeit.

Achtundvierzigstes Heft.

Die einheitliche Gestaltung der Armen-Finanzstatistik. Von Buehl. — Die armenärztliche Thätigkeit. Von Julius Stern.

Leipzig,
Verlag von Duncker & Humblot.
1900.

Die einheitliche Gestaltung der Armen-Finanzstatistik.

Von

Dr. Buehl,
Direktor des öffentlichen Armenwesens in Hamburg.

Die armenärztliche Thätigkeit.

Von

Dr. Julius Stern,
praktischem Arzt und städtischem Armenarzt in Berlin.

Leipzig,
Verlag von Duncker & Humblot.
1900.

Alle Rechte vorbehalten.

Pierer'sche Hofbuchdruckerei Stephan Geibel & Co. in Altenburg.

Inhaltsverzeichnis.

I.
Die einheitliche Gestaltung der Armen-Finanzstatistik.
Seite

Bericht, erstattet im Auftrage der Kommission für Gemeindestatistik von Dr. Buehl, Direktor des öffentlichen Armenwesens in Hamburg . . 1—39

II.
Die armenärztliche Thätigkeit.
Von Dr. Julius Stern, praktischem Arzt und städtischem Armenarzt in Berlin . . . . 41—72
Vorbemerkung 41
  I. Allgemeiner Teil . . . . 42—48
 II. Besonderer Teil . . . . 48—72
    1. Anstellende Behörde; Dienstaufsicht; Dienstanweisungen; ärztlicher Ausschuß: armenärztliche Vereinigung 48
    2. Formen der Anstellung; Bezeichnung; Besoldung; Auswahl der Persönlichkeiten; Dauer des Amtes; Stellung zur Armenverwaltung; freie Arztwahl; Berechnung der Vergütung; Specialärzte 52
    3. Örtlicher Umfang der Thätigkeit; jährliche Krankenzahl . . 61
    4. Die Thätigkeit der Armenärzte 63
 III. Schlußbemerkungen . . . . 68—69
Beilagen . . . . 70—72

I.
Einheitliche Gestaltung der Armen-Finanzstatistik.

Bericht,
erstattet im Auftrage der Kommission für Gemeindestatistik,

von

Dr. Buehl,
Direktor des öffentlichen Armenwesens in Hamburg.

Will eine Armenverwaltung den großen und mannigfachen Anforderungen gerecht werden, welche die Neuzeit auf dem Gebiete socialer Fürsorge an sie stellt, so darf sie sich nicht auf die Beobachtung der innerhalb des eigenen Gemeinwesens sich vollziehenden Veränderungen und Schwankungen beschränken, sondern sie ist genötigt, auch den wirtschaftlichen Verhältnissen anderer Gemeinden sorgfältige Beachtung zu schenken. In der Erkenntnis, daß diese letztere Aufgabe nur an der Hand vergleichbarer statistischer Daten gelöst werden könne, hat der Deutsche Verein für Armenpflege und Wohlthätigkeit bereits auf seiner ersten Tagung im Jahre 1880 die Notwendigkeit gleichmäßiger armenstatistischer Erhebungen nachdrücklich betont. Auf der zweiten Generalversammlung von 1881 wurde dann auf Grund zweier Referate von Dr. Böhmert und Dr. Berthold die Einsetzung einer Kommission beschlossen, welche den Auftrag erhielt, die für eine einheitliche statistische Erhebung erforderlichen Formulare, sowie die für die Bearbeitung des eingehenden Materials notwendigen Maßnahmen festzusetzen. Die Kommission hat in ihren der dritten Generalversammlung des Vereins unterbreiteten Resolutionen erklärt, daß fortlaufende statistische Erhebungen sowohl in Bezug auf die finanzielle Seite der Armenpflege, als auch hinsichtlich der individuellen Verhältnisse der Unterstützten nicht zu entbehren seien, daß aber ihre Thätigkeit zunächst auf die Bearbeitung der Individualstatistik beschränkt bleiben müsse, weil auf dem Gebiete der Armen-Finanzstatistik in Anbetracht der großen Verschiedenheit der Rechnungsführung in den einzelnen Gemeinden, die Gewinnung vergleichbarer Daten nicht zu erwarten sei.

Die Ergebnisse der von der Kommission veranlaßten statistischen Ermittelungen bilden bekanntlich die Unterlage des von Dr. Böhmert bearbeiteten vortrefflichen Werkes „Das Armenwesen in 77 deutschen Städten und einigen Landarmenverbänden", nach dessen im Jahre 1886 erfolgter Herausgabe die Frage der Beschaffung einheitlichen armenstatistischen Materials für eine längere Reihe von Jahren von der Tagesordnung des Vereins verschwand. Erst im Jahre 1897 trat der Wunsch, die Angelegenheit zur Erörterung gestellt zu sehen, in einem von Stadtrat Dr. Flesch gestellten Antrage, lautend:

"Ist eine einheitliche Aufstellung des Etats der Armenverwaltung, wenigstens für die größeren Städte, durchführbar und nach welchen Gesichtspunkten müßte dieser Etat aufgestellt sein, um eine leichte Vergleichbarkeit der Voranschläge und der Rechnungsergebnisse zu ermöglichen?"

von neuem hervor. Gleichzeitig regte der Beigeordnete Zimmermann, veranlaßt durch die unausgesetzt und von den verschiedensten Stellen aus an die Gemeinden ergehenden Anforderungen zur Ausarbeitung statistischer Nachrichten, deren Beschaffung bedeutende Mühewaltung und bei der Verschiedenheit der herrschenden Systeme vielfach doppelte Arbeitsleistung bedinge, die Frage an, inwieweit und unter welchen Bedingungen eine Beteiligung der Armenverwaltungen an der Herstellung statistischer Übersichten über die Ergebnisse ihrer Thätigkeit wünschenswert sei[1].

Beide Anregungen wurden im Frühjahr 1898 einer Kommission überwiesen, welche, indem sie die Festsetzung der zur Erlangung einer allgemeinen vergleichbaren Statistik der Armenverwaltungen zu Grunde zu legenden Normen und formalen Voraussetzungen als das Ziel ihrer Thätigkeit betrachtete, zur besseren Vorbereitung der Angelegenheit eine Verteilung des umfangreichen Stoffes auf drei Referenten beschloß. Die Grundzüge für die Individualstatistik sollten von Dr. Berthold bearbeitet werden, während Beigeordneter Zimmermann und der Berichterstatter die Bearbeitung der Finanzstatistik, und zwar in der Weise übernahmen, daß jener die geschlossene, dieser die offene Armenpflege behandeln sollte. Nachdem Dr. Berthold verstorben und Beigeordneter Zimmermann aus der Kommission ausgeschieden war, wurde, unter Übertragung der von dem letzteren übernommenen Aufgabe auf den Berichterstatter, der Beschluß gefaßt, zunächst die Armen-Finanzstatistik als den bereits hinlänglich geförderten Teil der Arbeit allein zur Erörterung zu bringen, die Individualstatistik dagegen abzutrennen und späterer besonderer Behandlung vorzubehalten.

Obwohl es einer auf die Armen-Finanzstatistik, d. h. auf die Darstellung der Kosten der Armenpflege und ihrer Deckung, beschränkten

---

[1] Vergl. Schriften des Deutschen Vereins für Armenpflege und Wohlthätigkeit, Heft 34, S. 8 u. 9.

Erhebung naturgemäß an derjenigen Anschaulichkeit fehlt, welche die toten Zahlen erst in Verbindung mit den für sie kausalen Thatsachen gewinnen können, für deren Ermittelung insbesondere die Individualstatistik wesentliche Anhaltspunkte gewährt, so bieten doch auch die von einer armenfinanzstatistischen Aufnahme zu erwartenden Feststellungen über den Umfang der Armenlast ein erhebliches Interesse. Dazu kommt, daß die Individualstatistik nicht definitiv ausgeschieden, sondern lediglich vorläufig, und zwar deshalb zurückgestellt werden soll, weil die hieraus sich ergebende Verminderung der an die Armenbehörden zu stellenden Anforderungen nach Ansicht der Kommission der Sache nur förderlich sein kann.

Bis zu einem gewissen Grade walten die der statistischen Erforschung des Armenwesens überhaupt entgegenstehenden Hindernisse auch gegenüber einer auf das Gebiet der Armen-Finanzstatistik beschränkten Erhebung ob, indem einerseits bei der Unkontrollierbarkeit der Leistungen der Privatwohlthätigkeit die erschöpfende Feststellung der zur Bekämpfung der Armut als solcher aufgewendeten Mittel sich als unmöglich erweist, während andererseits selbst über die von der öffentlichen Armenpflege gemachten Aufwendungen in Anbetracht der Verschiedenartigkeit der in Betracht kommenden Bevölkerungskreise und der herrschenden Armenpflegesysteme, der teilweisen Unvollkommenheit der Rechnungsführung, sowie der vielfachen Unzulänglichkeit der für die Bearbeitung des Stoffes verfügbaren Kräfte die Beschaffung gleichartigen, vollständigen und zuverlässigen Materials kaum möglich ist. Nur in Bayern, Oldenburg und Braunschweig finden bislang regelmäßige Erhebungen statt, die sich in Bayern auf das gesamte Armenwesen, einschließlich der bestehenden Wohlthätigkeits-Stiftungen, Privat-Wohlthätigkeitsvereine und Anstalten erstrecken, während sie in Oldenburg und Braunschweig im wesentlichen auf die Einnahmen und Ausgaben der Armenkasse beschränkt bleiben. Zur Erlangung des erforderlichen Materials ist in den genannten drei Bundesstaaten die regelmäßige Lieferung gewisser Nachweisungen vorgeschrieben. Die dabei benutzten Formulare, aus welchen über Inhalt und Umfang der Statistik das Nähere ersichtlich wird, sind als Anlagen 1—3 beigegeben; dieselben tragen übrigens sämtlich einen ausgeprägt territorialen Charakter. Die Durchführung und Überwachung derartiger periodischer Aufnahmen wird in jenen Bundesstaaten durch deren geringere Ausdehnung im Verhältnis zu Preußen wesentlich erleichtert, während hier und vollends im Deutschen Reiche die einer solchen Erhebung entgegenstehenden Hindernisse und Bedenken sich bis zur Unüberwindlichkeit steigern dürften, eine Annahme, zu deren Begründung an dieser Stelle der Hinweis auf die tiefgehenden Verschiedenheiten zwischen Osten und Westen, zwischen Stadt und Land, zwischen Geld- und Naturalwirtschaft genügen mag. Um zu einem greifbaren Ergebnisse zu gelangen, glaubte daher die Kommission — getreu den im wesentlichen auf das Praktische gerichteten Tendenzen des Vereins — von jeder, auf Schaffung der Unterlagen für eine **einheitliche deutsche** Armen-Finanzstatistik gerichteten Anregung als von einem zur Zeit aussichtslosen Unternehmen absehen und der Jahresversammlung lediglich die Veranstaltung einer alljährlichen finanzstatistischen Erhebung im Bereiche der (sämtlich dem Verein angehörenden) deutschen Städte von mindestens 25 000 Einwohnern — nach der Volkszählung vom 2. Dezember 1900 — vorschlagen zu sollen.

Die Schwierigkeiten, angesichts deren der Verein früher von einer einheitlichen Regelung der Rechnungsführung seiner Mitglieder glaubte absehen zu müssen, haben sich im Laufe der letzten 15 Jahren zweifellos nicht vermindert. Thatsache ist vielmehr, daß sich die Thätigkeit der Armenverwaltungen mittlerweile den verschiedensten neuen Gebieten socialer Hilfsthätigkeit zugewendet, und daß diese weitgehende Differenzierung der von den Armenverwaltungen zu lösenden Aufgaben naturgemäß auch eine Komplizierung ihrer Rechnungsführung im Gefolge gehabt hat. Je umständlicher sich aber die Rechnungsführung gestaltet hat, desto mehr ist ihre Einzwängung in ein bestimmtes Schema erschwert, während auf der anderen Seite gerade die durch die verminderte Durchsichtigkeit der Berichte herbeigeführte Schwierigkeit ihrer Verwertung zu statistischen Zwecken eine Aufstellung der Abrechnungen der Gemeinden nach einem einheitlichen und gemeinverständlichen Plane um so erwünschter erscheinen läßt.

Die Armen-Finanzstatistik ist, wenn man von dem für die einzelne Gemeinde nur ausnahmsweise gangbaren Wege einer besonderen Umfrage absieht, bislang auf diejenigen Zahlen angewiesen, welche in den Jahresberichten der Armenverwaltungen enthalten sind. Dieses Zahlenmaterial pflegt der Haushaltsrechnung für das betreffende Jahr entnommen zu werden, die sich ihrerseits wieder an das Budget anlehnt. Dr. Flesch hat daher in einem, seine eingangs berührte Anregung näher erläuternden Schreiben als den gegebenen Weg zum Ziele, theoretisch durchaus folgerichtig, die Aufstellung eines — von dem den effektiven Barzuschuß der Stadt zu den Kosten der Armenpflege nachweisenden allgemeinen Verwaltungsetat verschiedenen — Normalarmenetats bezeichnet, der als sog. Bruttoetat, d. h. mit Gegenüberstellung von Einnahmen und Ausgaben, unter gleichmäßiger Benennung der einzelnen Kapitel aufgemacht werden solle und der als „durchlaufende Posten" diejenigen Ausgaben enthalten müsse, welche zwar dem Bereiche der öffentlichen Armenpflege angehörten, aber aus anderen als Armenmitteln bestritten würden.

Gewiß werden die beteiligten Armenverwaltungen gerne bereit sein, zu Gunsten einer Reform, deren Durchführung sie längst als notwendig erkannt haben, ihren Einfluß geltend zu machen; ob der letztere aber hinreichen wird, um denjenigen Widerstand zu überwinden, welcher gegenüber einem so tiefgehenden Eingriffe in die Gestaltung des ganzen Budgets vielfach zu erwarten ist, muß stark bezweifelt werden. In einzelnen Gemeinden, insbesondere da, wo die Aufstellung des Etats dem Bürgermeister obliegt und dieser zugleich das Armenwesen verwaltet, mag die angeregte Einführung eines Normalarmenetats ohne namhafte Schwierigkeiten gelingen, in den größeren Gemeinden dagegen, auf deren Zahlenmaterial es für die Statistik hauptsächlich ankommt, wird die geplante Reform erst nach schweren Kämpfen oder auch garnicht durchzuführen sein, sei es, weil örtliche Gewohnheiten oder frühere Beschlüsse entgegenstehen, sei es, weil vielleicht die Stadtverordneten principiell die Einmischung eines „auswärtigen Vereins" in interne Gemeindeangelegenheiten zurückweisen zu müssen glauben.

Was speciell die Verhältnisse in den Hansestädten anlangt, so bildet hier die Verwaltung des Armenwesens einen Zweig der **allgemeinen Staatsverwaltung** und demgemäß ihr Budget einen Teil des **Staatsbudgets**, dessen Aufstellung in Hamburg in der Weise erfolgt, daß die Gesamtsumme der Einnahmen jedes Verwaltungszweiges zu einem Artikel des Einnahmeetats zusammengefaßt wird, dem der Gesamtbetrag der Ausgaben jedes einzelnen Ressorts als Ausgabeartikel gegenübersteht. Die Entstehung dieser Summen wird dann in den dem Gesamtbudget als Anlagen beigefügten Einzelbudgets, welche in Rubriken zerlegt sind, näher nachgewiesen. Die Einnahme- und Ausgabeartikel sind hier fortlaufend numeriert, sodaß sich in den Einzelbudgets die Einnahmen und Ausgaben der einzelnen Verwaltungszweige **nicht** gegenüberstehen; die Einnahmen der Allgemeinen Armen-Anstalt erscheinen z. B. in dem Entwurfe zum Staatsbudget pro 1900 als Art. 61 auf S. 72, die Ausgaben als Art. 134 auf S. 458.

Dieser letztere Artikel enthält folgende Rubriken:
1. Gehalte,
2. Hilfsarbeiter und Hilfsboten,
3. Pensionen,
4. Unterstützungen — mit 14 Unterabteilungen —,
5. Nebenverwaltungen,
6. Zahlungen an öffentliche Heilanstalten und das Waisenhaus,
7. Allgemeinen Ausgaben und Kosten,

somit eine Einteilung, die wenig geeignet erscheint, für eine Armen-Finanzstatistik brauchbares Material zu liefern.

Für die Frage, ob es möglich sein würde, entsprechende Abänderungen zu erreichen, kommt in Betracht, daß das hamburgische Budget von einer aus Senats- und bürgerlichen Mitgliedern zusammengesetzten Kollegialbehörde, der Finanzdeputation, aufgestellt wird, um demnächst, nach Feststellung im Senat, der Bürgerschaft vorgelegt zu werden. Gegenüber denjenigen Gemeinden, in welchen das Budget von dem Bürgermeister oder dem Kämmerer aufgestellt wird, ergiebt sich hieraus eine erhebliche Erschwerung, Abänderungen in Bezug auf die Gestaltung des Etats zu erreichen. In Hamburg ist daher im allgemeinen jede Verwaltung bestrebt, Modifikationen in der Aufstellung ihres Specialetats zu vermeiden und es scheint zum mindesten zweifelhaft, ob so eingreifende Maßnahmen, wie die Schaffung einer völlig veränderten Einteilung des Armenetats und insbesondere die Einstellung von sog. Durchgangsposten in den letzteren, bei den maßgebenden Instanzen mit der Begründung durchzusetzen sein würde, daß ein solches Verfahren behufs Erlangung von Material für eine vergleichende Armenstatistik erwünscht sei.

Ist hiernach bei dem vielfach zu gewärtigenden Widerstreben der bei der Feststellung des Budgets mitbeteiligten Personen oder Körperschaften nicht zu erwarten, daß eine vom Verein ausgehende Anregung auf Einführung eines für alle Verwaltungen maßgebenden **Normalarmenetats** in absehbarer Zeit zum Ziele führen würde, so entsteht die weitere Frage, ob man nicht auch unter Umgehung jener widerwilligen oder gleichgültigen Faktoren, d. h. unabhängig von der Gestaltung des Budgets, etwa in der Weise zum Ziele gelangen könnte, daß die in Betracht kommenden Armenverwaltungen dahin übereinkämen, ihren Jahresberichten einen einheitlichen Plan zu Grunde zu legen. Diese Lösung dürfte indessen den Bedürfnissen der Statistik schon um deswillen nicht genügen, weil der Zeitraum, auf welchen sich die Jahresberichte erstrecken, nicht für alle im Verein vertretenen Armenverwaltungen der gleiche ist, sodaß also das in diesen Berichten enthaltene Material zu statistischen Zwecken nur mit großer Vorsicht verwendet werden könnte. Bekanntlich läuft in den preußischen Gemeinden das Rechnungsjahr durchweg vom 1. April bis 31. März; in den sächsischen Gemeinden, sowie in Hamburg deckt sich das Verwaltungsjahr mit dem Kalenderjahre; in Oldenburg läuft es vom 1. Mai bis 30. April, während es sich z. B. in Rostock auf die Zeit vom 1. Juli bis 30. Juni erstreckt. Die öfter gehörte Behauptung, daß diese Verschiedenheit für die Statistik nicht wesentlich in Betracht komme, daß sich vielmehr ein Ausgleich vollziehe, weil im Etatsjahr doch auch alle 12 Monate des Kalenderjahres enthalten seien, ist unzutreffend. Mit Recht hebt Evert[1] hervor, daß die Zahl der Unterstützten bei einer Zählung nach dem Kalenderjahre regelmäßig größer sein werde, als bei einer solchen nach dem preußischen Rechnungsjahre, weil dort die Unterstützungsfälle aus zwei winterlichen Wirtschaftsperioden, hier nur diejenigen einer einzigen zur Darstellung gelangten. Für Hamburg speciell kommt als ein weiterer, die statistische Verwertbarkeit des Jahresberichts des Armen-Collegiums beeinträchtigender Umstand in Betracht, daß hier die Jahresberichte nicht unmittelbar von den einzelnen Verwaltungen erstattet, sondern vom Senat herausgegeben werden und daß, weil die Berichte in erster Linie zur Mitteilung an die Bürgerschaft bestimmt sind, in den von den Behörden einzureichenden Entwürfen diejenigen Daten, welche sich aus dem Budget ergeben, in der Regel unerwähnt bleiben sollen, sodaß diese Berichte für die Statistik nur geringen Wert haben können.

Will man zu einer befriedigenden Lösung der vorliegenden Frage gelangen, so muß die Entscheidung daher auf ein Gebiet verlegt werden, wo die an dem endlichen Zustandekommen einer brauchbaren Armenstatistik im höchsten Maße interessierten Armenverwaltungen zu **selbstständiger Entscheidung** berufen sind. Zu dem Ende ist es notwendig, daß der Hebel bereits bei der Buchführung angesetzt wird, die sich zwar insofern an den Etat anlehnen muß, als sie die Verwendung der in den einzelnen Kapiteln desselben ausgeworfenen Beträge nachzuweisen hat,

---

[1] Vgl. Evert, Zur Theorie und Technik der Armenstatistik, i. d. Zeitschr. d. Kgl. Preuß. Stat. Bur., 29. Jahrgang 1889, S. 96.

deren Gestaltung im einzelnen aber ein Internum jeder Armenverwaltung bildet. Das weitere Verfahren würde sich dann am zweckmäßigsten derart gestalten, daß der Verein diejenigen Fragen formulierte, deren Beantwortung er zur Erlangung einheitlichen und vergleichbaren statistischen Materials für notwendig erachtet, während es Aufgabe der einzelnen Armenverwaltungen wäre, eine sachgemäße Auskunftserteilung durch entsprechende Anordnungen in Bezug auf die Buchführung sicherzustellen, wobei es im wesentlichen nur darauf ankäme, für Einrichtung der etwa erforderlichen weiteren Konten Sorge zu tragen.

Wirklich wertvolles vergleichbares armenstatistisches Material läßt sich, wie das Beispiel von Bayern, Oldenburg und Braunschweig lehrt, nur vermittels einer periodisch wiederkehrenden Umfrage beschaffen, die für einen, thunlichst einheitlich festzusetzenden Zeitraum an der Hand eines bestimmten Formulars — Fragebogens — zu bewirken ist. Die Vorzüge einer solchen periodischen Erhebung gegenüber einer Einzelumfrage bedürfen, da sie klar zu Tage liegen, kaum ausführlicherer Erörterung. Eine einmalige Aufnahme läßt lediglich erkennen, daß an einem bestimmten Tage eine gewisse Anzahl aus öffentlichen Mitteln unterstützter Personen vorhanden war, oder daß innerhalb einer gewissen Zeit ein bestimmter Betrag für öffentliche Unterstützungen aufgewendet wurde. Dagegen ist es unmöglich, den Zusammenhang der gewonnenen ziffermäßigen Resultate mit den wirtschaftlichen und politischen Verhältnissen zuverlässig zu ergründen. Derartige Rückschlüsse, welche dem statistischen Material eigentlich erst seinen Wert verleihen, sind nur möglich im Hinblick auf verschiedene Jahre mit gleichartigen Terminen und gleichartiger Erhebung. Um die notwendige Relation zwischen Zahlen und Thatsachen herzustellen, sind daher periodische Erhebungen unumgänglich, d. h. solche, die von vornherein auf gewisse Zeiträume sich zu erstrecken bestimmt sind und an gleichmäßige Grundsätze gebunden sein sollen. Zu diesem materiellen Vorteil der Periodicität tritt dann als weiteres werterhöhendes Moment die Nötigung zu genauer und gleichmäßiger Buchführung hinzu, wodurch allein genaue und vor allem gleichmäßige Ergebnisse gesichert werden können[1]. Da sich endlich die Ausfüllung des Fragebogens um so einfacher gestalten wird, je mehr sich der Armenetat in seiner Anordnung an den Fragebogen anschließt, so liegt es im Interesse der Armenverwaltungen, ihren Etat möglichst mit dem Fragebogen in Übereinstimmung zu bringen, sodaß letzterer den Charakter eines „Normalarmenetats" gewinnen und im Laufe der Zeit zur Grundlage für eine einheitliche Ausgestaltung des Armenbudgets sich entwickeln kann.

Aus der Thatsache, daß das Budget wohl in allen Gemeinden für je ein Jahr aufgestellt und die Rechnung jährlich abgeschlossen wird, ergiebt sich ohne weiteres die Wahl des Jahres als der für die Armen-Finanzstatistik in Betracht kommenden Zeitbestimmung. Zweifelhaft erscheint nur, ob zweckmäßigerweise das Kalenderjahr, oder aber ein

---

[1] Vgl. Münsterberg, Die Armenstatistik, in Conrads Jahrb. Bd. 12, S. 389, 390.

anderweitiges Wirtschaftsjahr zu Grunde zu legen ist. Die Kommission hat sich für das in Preußen staatlich und durchweg auch kommunal übliche Rechnungsjahr vom 1. April bis 31. März entschieden, und zwar einmal aus dem praktischen Grunde, weil in der großen Mehrzahl der in Betracht kommenden Gemeinden dieser Zeitabschnitt für den Etat und die Rechnungsführung schon jetzt maßgebend ist, weiterhin aber auch auf Grund der sachlichen Erwägung, daß das preußische Rechnungsjahr ein durch ein Sommer- und ein Winterhalbjahr gebildetes Wirtschaftsjahr darstellt, während bei der Abrechnung nach dem Kalenderjahr der Winter in zwei Teile zerrissen wird. Die hierdurch für Gemeinden mit anderen Abrechnungsperioden entstehenden Schwierigkeiten sind keineswegs unüberwindlich, vielmehr wird zur Beseitigung der aus der Verschiedenheit des Rechnungsjahres sich ergebenden, den Wert der Statistik beeinträchtigenden Inkongruenzen im wesentlichen die Anordnung eines vierteljährlichen oder monatlichen Abschlusses der Buchführung genügen, eine Maßnahme, die, wie der Berichterstatter aus eigener Erfahrung bestätigen kann, unschwer durchzuführen ist.

Die Hauptschwierigkeit der Arbeit der Kommission lag naturgemäß in der Feststellung der den Gemeinden zur alljährlichen Beantwortung zu unterbreitenden Fragen. Einerseits mußte ein für ganz Deutschland passendes, vollständiges, aber dennoch sich nicht zu weit in das Detail verlierendes Schema entworfen und andererseits denjenigen Fehlerquellen Beachtung geschenkt werden, deren Nichtberücksichtigung die Vergleichbarkeit des gewonnenen Materials, selbst bei noch so gewissenhafter Ausfüllung des Fragebogens, hätte beeinträchtigen müssen. Hierbei handelt es sich namentlich um zwei Punkte, nämlich: 1. um die Schaffung eines **Ausgleichs für diejenigen in den Rahmen der öffentlichen Armenpflege gehörigen Aufwendungen**, welche mit Rücksicht auf die besondere Lage der partikularen Gesetzgebung oder infolge örtlicher Verhältnisse, Anordnungen oder Gewohnheiten nicht aus der Armenkasse, sondern **anderweitig aus öffentlichen Mitteln** bestritten werden; 2. um die Berücksichtigung der **Privatwohlthätigkeit**.

In ersterer Beziehung fällt z. B. wesentlich ins Gewicht, ob das Armenbudget nur die Aufwendungen des Ortsarmenverbandes enthält, oder ob es, wie dasjenige der Allgemeinen Armen-Anstalt zu Hamburg, auch die Ausgaben des Landarmenverbandes mit umfaßt, sowie ferner, ob und inwieweit etwa an einzelnen Orten gewisse Gebiete der Wohlfahrtspflege zu den Aufgaben der kommunalen Armenpflege gehören, die, wie die Fürsorge für Irre und Gebrechliche, im allgemeinen auf größere Verbände übertragen sind. Hier wird also, um die Vergleichbarkeit des Materials sicherzustellen, ein entsprechender Hinweis auf die Sachlage im Fragebogen unentbehrlich sein. Weiterhin werden zur Herstellung der Vergleichbarkeit alle diejenigen Aufwendungen im Fragebogen ihren Platz finden müssen, welche zwar zu Armenzwecken, aber **nicht aus Armenmitteln** gemacht, sondern an anderer Stelle im Gemeindebudget oder im Etat einer anderen selbständigen Behörde nachgewiesen werden. Hierher gehören die häufigen Fälle, wo der Armenverwaltung das benutzte Dienstgebäude von der Gemeinde ohne Entgelt resp. Abrechnung zur Verfügung gestellt ist, wo die Beamten der Armenverwaltung überhaupt oder gewisse Arbeitskräfte aus der Gemeindekasse direkt salariert, wo die sachlichen Bureaukosten aus allgemein-städtischen Mitteln getragen werden, oder wo die Aufwendungen für gewisse Zweige der öffentlichen Armenpflege der Armenverwaltung im Budget nur teilweise belastet sind. Letzteres gilt z. B. in Hamburg in Bezug auf die öffentliche Waisenpflege, für deren Kosten im Armenbudget nur ein Pauschquantum von 380 000 Mk. eingestellt ist, während der Mehraufwand von ca. 500 000 Mk. nicht von der Armen-Anstalt, sondern von dem über ein eigenes Budget verfügenden Waisenhaus-Collegium getragen wird. Endlich gehört hierher auch der Fall, daß einer Armenverwaltung die Befugnis zusteht, in einer Universitätsklinik oder in einem einer öffentlichen Behörde unterstehenden Krankenhause über eine gewisse Anzahl von Verpflegtagen ohne Entgelt zu verfügen, wie das z. B. in Bezug auf die Armendirektion Berlin zutrifft, der die Disposition über 100 000 Verpflegtage jährlich in der Kgl. Charité eingeräumt ist. Derartige Berechtigungen, welche die betreffende Armenverwaltung insofern entlasten, als dieselbe beim Nichtbestehen jener Vergünstigung für die betreffenden hilfsbedürftigen Kranken in anderer Weise Sorge zu tragen hätte, sollen im Fragebogen in Einnahme (als Zuschuß) und ebenso an entsprechender Stelle unter Ausgabe berücksichtigt, nicht aber als „durchlaufende Posten" aufgeführt werden, da hierunter nur solche Zu- und Abgänge zu verstehen sein würden, welche (wie z. B. Asservate) auf die Gestaltung der finanzstatistischen Thatsachen ohne jeden Einfluß bleiben.

Was sodann den zweiten Punkt anlangt, so darf die Finanzstatistik, wenn sie ein zutreffendes und vollständiges Bild vom Stande der Armenversorgung innerhalb einer bestimmten Gemeinde gewähren soll, sich nicht auf eine Darlegung der Zustände im Bereiche der öffentlichen Armenpflege beschränken, sondern sie muß sich auch auf die Leistungen der Privatwohlthätigkeit miterstrecken, deren Wirken zweifellos einen nicht unerheblichen Einfluß auf die Gestaltung der Armenfinanzen ausübt. Während einerseits das Bestehen umfangreicher privater Versorgungsanstalten für alte Leute oder eine von privater Stelle aus geübte umfassende Prophylaxe zur Entlastung der öffentlichen Armenpflege wesentlich beiträgt, wird andererseits dadurch, daß die Privatwohlthätigkeit in Bezug auf das Maß ihrer Zuwendungen keinerlei Beschränkungen unterliegt, das Niveau der Lebenshaltung der Bedürftigen überhaupt gehoben und damit indirekt auch das Existenzminimum in der öffentlichen Armenpflege hinaufgeschraubt. An Orten, wo eine ausgedehnte private Wohlthätigkeit geübt wird, pflegt daher neben einer zweifellosen Entlastung der öffentlichen Armenpflege vielfach auch eine gewisse Einwirkung der ersteren auf die letztere in dem Sinne in die Erscheinung zu treten, daß die öffentliche Armenpflege durch die private Wohlthätigkeit verteuert wird. Die Kommission vermochte sich indessen nicht zu verhehlen, daß jeder Versuch einer auf das gesamte Gebiet der

Armenfürsorge sich erstreckenden ziffermäßigen Darstellung an der absoluten Unmöglichkeit, die Privatwohlthätigkeit in ihrer ganzen Ausdehnung statistisch zu erfassen, scheitern müsse, indem sich insbesondere das Wirken des einzelnen Privatwohlthäters jeglicher Kontrolle entzieht. Dagegen erschien das Unternehmen einer ziffermäßigen Festlegung der Leistungen der in Stiftungen und Vereinen organisierten Privatwohlthätigkeit nicht aussichtslos, und hat die Kommission deshalb beschlossen, den Armenverwaltungen in einem besonderen Anhange zu dem Fragebogen einige hierauf bezügliche Fragen zu unterbreiten, indem sie sich den weiteren Ausbau dieses Teiles auf Grund der sich ergebenden praktischen Erfahrungen für die Zukunft vorbehält.

Was die Ausgestaltung des Fragebogens im einzelnen anlangt, so bestand bei der Kommission kein Zweifel darüber, daß derselbe in Brutto, d. h. unter Gegenüberstellung des vollen Betrages der Einnahmen und Ausgaben, aufgestellt werden müsse, falls durch den Fragebogen vergleichbares Material gewonnen und zugleich der Einführung eines Normalarmenetats erfolgreich vorgearbeitet werden soll. Denn wenn, wie dies bei dem sogenannten Nettoetat der Fall ist, die Einnahmen unter Kürzung der zu ihrer Erzielung aufgewendeten Betriebskosten eingestellt werden, so muß darunter, bei der Verschiedenheit der Berechnungsart der letzteren, die Vergleichbarkeit notwendig leiden.

Ferner erschien eine einigermaßen eingehende Bezeichnung der einzelnen Einnahmequellen von wesentlichem Belang. Es kann nicht als richtig anerkannt werden, daß lediglich die Höhe der Armenlasten relevant, dagegen die Herkunft der zur Deckung derselben verfügbaren Mittel gleichgültig sei, vielmehr hat derselbe Aufwand für die Armenpflege ein ganz verschiedenes Gewicht, jenachdem er durch Steuern aufgebracht werden muß, oder aber ganz oder zu einem wesentlichen Teile aus den Erträgnissen des eigenen Vermögens der Armenkasse, oder aus dieser zur Verfügung stehenden Stiftungen seine Deckung findet.

Die Einnahmen haben daher im Fragebogen eine detaillierte Behandlung erfahren, indem zunächst Positionen für die Einnahmen aus eigenem Vermögen und aus Stiftungen, deren Erträgnisse zu Zwecken der öffentlichen Armenpflege Verwendung finden, weiterhin aber auch solche für Armensteuern und in die Armenkasse fließende Strafgelder und Gebühren, sowie endlich für Naturalleistungen der Gemeinde an die Armenkasse eingestellt sind. Eine besondere Position bilden die Zuschüsse des Staates, größerer korporativer Verbände und der Gemeindekasse, wobei darauf hinzuweisen ist, daß hier auch dann Angaben zu machen sind, wenn es sich nicht um Geldzuschüsse, sondern um übernommene Verpflichtungen zu bestimmten Naturalleistungen (z. B. Einräumung freier Verpflegtage) handelt, welche zu dem Kostenbetrage in Ansatz zu bringen sind, den die Armenverwaltung aufzuwenden hätte, falls die betreffende Verpflichtung nicht bestände.

Bei der Position „Erstattungen" konnte es zweifelhaft sein, ob man sich auf die üblichen drei Unterabteilungen

von Orts- und Landarmenverbänden,
von Krankenkassen, Berufsgenossenschaften, Versicherungsanstalten,
vom Unterstützten selbst, bezw. aus seinem Nachlasse oder von dritten Personen

beschränken, oder eine weitere Gliederung in der Richtung eintreten lassen sollte, ob die Erstattungen für Unterstützungen in offener oder geschlossener Pflege u. s. w. erfolgt sind, oder jenachdem es sich um Erstattungen auswärtiger Armenverbände, oder um Erstattungen auf die an auswärtige Armenverbände gezahlten Unterstützungs- und Pflegekosten handelt[1]. Da indessen durch eine solche Specifikation das Formular übermäßig verwickelt und die Durchführung der Statistik wesentlich erschwert würde, so entschied sich die Kommission im Sinne der ersten Alternative.

In der Position „Sonstige Einnahmen" soll eine Art clausula generalis für alle unter die übrigen Rubriken nicht passenden Einnahmen (z. B. nicht zu kapitalisierende Schenkungen) geschaffen werden, deren specielle Aufführung erwünscht ist.

Was sodann die Ausgaben anlangt, so war gegen die Beibehaltung der ziemlich allgemein üblichen Gliederung in die Kapitel
Allgemeine Verwaltungsausgaben,
Offene Armenpflege,
Geschlossene Armenpflege
kein Einwand zu erheben. Auch erschien es ratsam, die „Kinderpflege", soweit es sich nicht um Krankenpflege für Kinder handelt, zum Gegenstande eines besonderen Kapitels zu machen. Gerade auf diesem Gebiete bestehen weitgehende Verschiedenheiten, in denen sich der lokale Charakter der Armenpflege scharf ausprägt und auf deren ziffermäßige Fixierung daher nicht wohl verzichtet werden kann.

Die einzelnen Rubriken der Position „Allgemeine Verwaltungsausgaben" lassen das Bestreben der Kommission erkennen, gegenüber den gerade auf diesem Gebiete bestehenden weitgehenden örtlichen Verschiedenheiten einen Ausgleich zu schaffen. So soll diejenige Verwaltung, der ein eigenes Dienstgebäude zur Verfügung steht, nicht nur den ihr erwachsenen Aufwand für Reinigung, Heizung, Beleuchtung u. s. w., sondern auch den zu schätzenden Mietwert der Diensträume einstellen, während der Aufwand für Beamte, Schreibwerk u. s. w. auch dann im Fragebogen zu vermerken ist, wenn die Zahlung bei anderen Etatstiteln verrechnet wird oder aus anderen Kassen, als aus der Armenkasse erfolgt. Reisekosten sind hier nur insoweit einzustellen, als sie allgemeiner Natur sind (z. B. für Instruktionsreisen des leitenden Beamten u. s. w.), wogegen die Reisekosten bei Übernahme Hilfsbedürftiger durch einen auswärtigen Armenverband bei dem Ausgabeposten „Transportkosten" zu verrechnen sein würden.

---

[1] Vgl. Bericht über die Verwaltung des Armenwesens der Stadt Köln. 1897, S. 15.

Die Gliederung des Abschnittes „Offene Armenpflege" in die Unterabteilungen
 Unterstützungen zum Lebensunterhalt,
 Offene Krankenpflege,
 Beerdigungskosten
ergab sich ohne weiteres aus dem gesetzmäßigen Umfange der Unterstützungspflicht des Armenverbandes.

In der ersten Unterabteilung „Unterstützungen zum Lebensunterhalt" erschien zunächst die Aussonderung der Naturalunterstützungen, im Gegensatze zu den Unterstützungen in barem Gelde, geboten, schon weil nähere statistische Ermittelungen darüber ein erhebliches Interesse bieten, wo nur Geld- oder nur Naturalunterstützung gewährt wird, wo beide Unterstützungsarten nebeneinander vorkommen, sowie ob sich das eine oder das andere System weiter ausbreitet[1]. Diese Scheidung unterliegt umsoweniger irgendwelchen Bedenken, als schon jetzt die Geldunterstützungen durchweg getrennt von etwaigen Naturalunterstützungen verbucht zu werden pflegen.

Auf größere Schwierigkeiten stößt dagegen die weitere Gliederung der Position „Barunterstützungen". Die einzelnen Armenverwaltungen arbeiten hier mit ganz verschiedenen Begriffen und selbst da, wo gleichartige Bezeichnungen vorkommen, ist die Bedeutung derselben nicht überall dieselbe. Es wird da mit „dauernder", „laufender", „vorübergehender", „außerordentlicher", „einmaliger" Unterstützung operiert und daneben ist noch von „Almosen", „Pflegegeld", „Extraunterstützung" die Rede. Während die Hamburger Geschäftsordnung von 1893 unter „laufender" Unterstützung die von der Bezirksversammlung bewilligte Unterstützung, im Gegensatze zu der in Eilfällen vom Vorsteher oder Pfleger unmittelbar gewährten vorläufigen Unterstützung verstand, begreift man in Berlin unter „laufender" Unterstützung das regelmäßig auf die Dauer eines Jahres bewilligte „Almosen". In Hamburg wird dem infolge von Krankheit Erwerbsunfähigen oder der von ihrem Manne verlassenen Ehefrau „dauernde" Unterstützung gewährt, denn hier gilt jede Unterstützung als dauernde, die auf mehr als einen Monat — für die Zukunft — bewilligt wird; in Berlin würde in derartigen Fällen „Extraunterstützung", in Köln „vorübergehende Unterstützung" gewährt werden. Elberfeld endlich kennt Bewilligungen für längere Zeitdauer überhaupt nicht, sondern läßt solche grundsätzlich immer nur auf 14 Tage eintreten. Es handelte sich also darum, unter einheitlicher Festlegung der maßgebenden Begriffe die zum Lebensunterhalt gezahlten Unterstützungen dergestalt zu gliedern, daß einerseits die statistisch interessanten Momente thunlichst hervortreten und andererseits auf zu weitgehende Detaillierung gerichtete und darum unerfüllbare Anforderungen an die einzelnen Gemeinden vermieden wurden. Dabei erschien für die Finanzstatistik eine Scheidung in

---

[1] Vgl. Schriften des Deutschen Vereins für Armenpflege und Wohlthätigkeit, Heft 42, S. 72.

"laufende" und "einmalige" Unterstützungen in dem Sinne am ratsamsten, daß unter der letzteren Position lediglich diejenigen Unterstützungsfälle verbucht werden, welche als solche durch eine einmalige Zahlung ihre vollständige Erledigung gefunden haben, während alle übrigen Unterstützungen als laufende gelten, also insbesondere auch diejenigen, welche zu besonderen Zwecken an Personen, die regelmäßig Unterstützung empfangen, einmalig gewährt werden. Dabei konnte nicht verkannt werden, daß diese Gliederung den ebenso naheliegenden wie berechtigten Wunsch unerfüllt läßt, die den festen Stamm der Armenpflege bildenden Unterstützungsempfänger, für welche die Lage des Arbeitsmarktes ohne Bedeutung ist, weil ihre durch hohes Alter, Siechtum u. dergl. bedingte Hilfsbedürftigkeit voraussichtlich bis an ihr Lebensende dauern wird, besonders herausgehoben zu sehen. Gerade aus der durchschnittlichen Höhe der diesen Personen gewährten Unterstützung würden sich interessante Schlüsse in Bezug auf den Umfang der Leistungen der öffentlichen Armen=pflege an den verschiedenen Orten ziehen lassen, während anderseits die Anzahl der nach Abzug jenes festen Stammes verbleibenden Hilfs=bedürftigen die Schwankungen der allgemeinen wirtschaftlichen Lage charakteristischer hervortreten ließe, als dies die sog. Armenziffer (d. i. die Gesamtzahl der laufend unterstützten Armenparteien) vermag. Eine solche weitergehende Gliederung der laufend Unterstützten in dauernd, d. h. das ganze Jahr über, und in vorübergehend, also etwa nur während einiger Monate Unterstützte, ist indessen für die Finanzstatistik schon des=halb praktisch kaum erreichbar, weil das von den Pflegeorganen geführte Bezirksbuch, auf das sich die Buchführung der Verwaltung stützt, zwar zwischen laufenden und einmaligen Unterstützungen unterscheidet, bei den ersteren aber eine weitere Gliederung in dem obigen Sinne meist nicht kennt. Diese Gliederung würde aber auch ihren Zweck, die dauernd Unter=stützungsbedürftigen getrennt zur Darstellung zu bringen, deshalb niemals vollständig zu erreichen vermögen, weil eine Unterstützung statistisch auch dann als vorübergehend erscheinen könnte, wenn sie im Laufe des Jahres durch den Tod des Unterstützten, durch seine Übernahme in ge=schlossene Pflege oder durch andere Umstände zur Einstellung gelangt wäre.

Die Angabe der Ausgaben für laufend (dauernd) Unterstützte gewinnt naturgemäß wesentlich an statistischem Wert, wenn sie durch die Zahl der Familien (Armenparteien), auf die sich der Aufwand verteilt, ergänzt wird, weil damit erst die Möglichkeit der Berechnung des auf den einzelnen Armenfall kommenden Aufwandes geschaffen wird. Wenn in der Litteratur darüber Meinungsverschiedenheiten obwalten, ob die Zähleinheit der Familie (Armenpartei) nach juristischen, oder nach öko=nomischen Gesichtspunkten zu konstruieren sei, mit anderen Worten, ob es auf die Unterstützungswohnsitz-Verhältnisse des Familienhauptes, oder auf die wirtschaftliche Selbständigkeit des Hilfesuchenden ankomme, so möchte sich der Berichterstatter mit Rücksicht darauf, daß der Anfall an die Armenpflege die Konsequenz eines wirtschaftlichen Notstandes bildet, in dem letzteren Sinne entscheiden, jedoch mit der Maßgabe, daß da, wo eine Mehrheit wirtschaftlich unselbständiger Glieder einer Familie (z. B. bei gleichzeitiger Aufnahme von sechs kleinen Kindern in Waisenpflege nach dem Tode der Eltern) in Frage kommt, für die Zählung das Fortleben des Familienhauptes fingiert wird. Die Kommission hat von einer Stellungnahme zu dieser Frage vorerst Abstand genommen und sich die Entscheidung für die auf eine einheitliche Gestaltung der Individualstatistik gerichteten späteren Beratungen vorbehalten. In der That ist die Frage auch für die Finanzstatistik nur von geringer praktischer Bedeutung, weil der Fall, daß mehrere wirtschaftlich selbstständige Glieder einer und derselben Familie Barunterstützung in Anspruch nehmen, nur selten vorkommen dürfte, übrigens auch anzunehmen ist, daß, wenn z. B. in einem Bezirk der Mann, in einem anderen die getrennt lebende Ehefrau in offener Pflege unterstützt wird, den thatsächlichen Verhältnissen entsprechend wohl überall zwei Armenpflegefälle gezählt werden.

Bei Behandlung der einmaligen (vorübergehenden) Unterstützungen erschien die besondere Registrierung der Baraufwendungen behufs Verschaffung von Wohnung (Mieteunterstützungen), deren Hervorhebung bei der schon jetzt üblichen besonderen Verbuchung zu Schwierigkeiten kaum Anlaß geben dürfte, wesentlich, indem aus den Antworten gewisse Anhaltspunkte für den Stand der Wohnungsfrage in den einzelnen Gemeinden zu entnehmen sein werden. Denn nachdem mit der Einführung des B.G.B. das Retentionsrecht des Vermieters an den unentbehrlichen Sachen beseitigt und damit für die Armenpflege die Veranlassung zur Deckung von Mieteschulden zwecks Erhaltung des Hausstandes der Armen weggefallen ist, läßt die Zunahme der Mietebewilligungen unter Umständen einen Rückschluß auf eine Steigerung des Mangels an kleinen Wohnungen zu. Freilich darf nicht übersehen werden, daß gerade die Aufzeichnungen über Bewilligungen zu Mietezwecken deshalb keinen Anspruch auf besondere Zuverlässigkeit erheben können, weil diese Bewilligungen bei weitem nicht immer als solche deklariert werden, vielmehr Mieteunterstützung, allen entgegenstehenden Bestimmungen und Anordnungen zum Trotz, vielfach in Form laufender Unterstützung gewährt wird, sei es, weil Mieteunterstützungen bei den Pflegeorganen an und für sich unbeliebt sind, sei es, weil man die Einholung der für höhere Bewilligungen erforderlichen Genehmigung der höheren Instanz gerne umgehen möchte. Weiterhin dürfte die Klarheit des durch eine solche statistische Erhebung zu gewinnenden Bildes durch den Einfluß der auf diesem Gebiete besonders wirksamen Privatwohlthätigkeit eine erhebliche Beeinträchtigung erfahren. Ganz naturgemäß wird der Umfang der Mietebewilligungen aus öffentlichen Mitteln durch das Bestehen von Stiften oder Freiwohnungen in mehr oder weniger bedeutendem Umfange beeinflußt, auch macht sich hier das Eingreifen sogenannter Mietehilfsvereine oder besonderer Fonds, die, wie der Specialfonds der Allgemeinen Armen-Anstalt zu Hamburg, in größerem Umfange zu Mietezwecken Verwendung finden, fühlbar, ohne daß sich genaue Angaben darüber machen ließen, in welchem Umfange ohne ein solches

Wirken der Privatwohlthätigkeit die öffentliche Armenpflege mit Miete=
bewilligungen hätte eingreifen müssen.

In Bezug auf die „Naturalunterstützungen" wurden die
Unterabteilungen
Wohnung,
Nahrungsmittel,
Kleidung und Hausrat,
Heizmaterial
für ausreichend erachtet.

Unter Wohnung soll hier lediglich die Gewährung von Unterkunft
ohne Verpflegung verstanden werden, so daß alle Einrichtungen, in
welchen die Insassen zugleich volle oder teilweise Beköstigung — wenn
auch gegen Entgelt — erhalten, hier auszuscheiden und bei der ge=
schlossenen Pflege zu berücksichtigen sind.

Nahrungsmittel werden namentlich im Süden und Westen
Deutschlands als Naturalunterstützung verabfolgt. So betrug z. B. in
Mannheim im Jahre 1897 die Ausgabe für Brot und sonstige Nahrungs=
mittel 27 885,61 Mk., während an laufender Barunterstützung nur
20 486,50 Mk. gewährt wurden. Sofern die Armenverwaltung über
Suppenanstalten, Armenküchen oder ähnliche Einrichtungen verfügt, sind
deren Kosten hier zu verbuchen. Nicht hierher gehören die Aufwendungen
für Speisung armer Schulkinder (Schulspeisung); diese Kosten sollen, ob=
wohl es sich dabei um Kinder handelt, welche in wirtschaftlicher Gemein=
schaft mit ihren Angehörigen leben, dennoch unter dem Kapitel „Kinder=
pflege" zur Verrechnung gelangen. Zweifelhaft konnte sein, ob die Kosten
für Milch, Fleisch oder ähnliche Stärkungsmittel als Naturalunter=
stützung, oder als Medizinalaufwand aufzuführen seien. Um zu einem
einheitlichen Verfahren zu gelangen, ist die Buchung derartigen Auf=
wandes als Naturalunterstützung auch für den Fall beschlossen, daß die
Bewilligung lediglich auf Grund vorausgegangener armenärztlicher An=
weisung erfolgt. Unter „Suppe" sollen alle in zubereiteter Form an
Arme verabfolgten Nahrungsmittel verstanden werden. Einer Anregung,
bei der Rubrik „Brot" den Brotpreis pro Kilo mit aufzuführen, ist
nicht stattgegeben, da man diese Feststellung als nicht direkt zur Armen=
statistik gehörig erachtete.

Kleidung und Hausrat werden für Arme teils hergestellt oder
angekauft, teils gelangen aus Nachläßen verstorbener Unterstützungs=
empfänger herrührende Gegenstände zur Ausgabe; im ersteren Falle würde
der Anschaffungspreis, im letzteren der zu ermittelnde Taxwert zu verbuchen
sein. Hierher gehören auch die Kosten für Dienst= und Lehrlingsaus=
rüstungen; die Gewährung von Bekleidung zur Ermöglichung des Schul=
besuches (Schulbekleidung) soll dagegen als „Ergänzende Kinderpflege"
verrechnet werden.

Als Lieferung von Heizmaterial gilt neben der unmittelbaren
Abgabe von Kohlen, Torf u. s. w. auch die an einzelnen Orten übliche
Verabfolgung von Anweisungen auf ein bestimmtes Quantum Feuerung,
nicht dagegen die z. B. in Berlin zur Beschaffung von Heizmaterial ge=

währte sogenannte Winterunterstützung, da deren Betrag in barem Gelde an die Armen gezahlt wird.

Unter dem Abschnitt „Offene Krankenpflege" waren einerseits die Aufwendungen für persönliche Leistungen zu Gunsten Armer (Remuneration der Armenärzte, Armenhebammen und des Warteperfonals) und andererseits der sachliche Medizinalaufwand zu rubrizieren. Ob die an fest angestellte Armenärzte und Armenhebammen zu zahlende Remuneration hier, oder etwa unter den „Verwaltungskosten" ihren Platz zu finden habe, konnte zweifelhaft sein. Für die Verbuchung unter dem Abschnitt „Offene Krankenpflege" sprach aber, daß dieser Aufwand das unmittelbare Äquivalent für eine bestimmte Form der Armenunterstützung bildet. Zu den Ausgaben für Warteperfonal u. f. w. würde die Vergütung der von der Gemeinde angestellten Krankenpflegerinnen, einschließlich der Kosten etwa gewährter Wochen- und Hauspflege, zu zählen sein, während diejenigen für Behandlung in Entbindungsanstalten, Wöchnerinnenasylen u. f. w. unter dem Abschnitt „Geschlossene Pflege" zu verrechnen wären. Zu dem Aufwande für Armenärzte gehören statistisch auch diejenigen Kosten, welche durch etwaige Inanspruchnahme von Nicht-Armenärzten zu Gunsten armer Patienten entstehen.

Unter der Position „Heilmittel" sollen nicht nur Medikamente, sondern auch Brillen, Bruchbänder, Bandagen, künstliche Gliedmaßen, Gebisse u. f. w., deren Verabfolgung auf armenärztliche Anordnung geschieht, zusammengefaßt werden.

Die besondere Hervorhebung des Aufwandes für Unterbringung Armer in Bädern oder Kurorten erschien namentlich zu dem Zwecke erwünscht, um zu ermitteln, in welchem Umfange sich die einzelnen Armenverwaltungen die Bekämpfung der Tuberkulose angelegen sein lassen, indem sie auch ihrerseits für die Unterbringung Schwindsüchtiger in Lungenheilstätten besorgt sind. Die Aufwendungen für sog. Sommerpflege von Kindern (Kinderheilstätten, Ferienkolonien) sind unter der Position „Ergänzende Kinderpflege" besonders zu verrechnen.

Was schließlich die Positionen „Beerdigungskosten" und „Reise- und Transportkosten" anlangt, so wurde aus praktischen Gründen eine Zusammenfassung des entstehenden Aufwandes in je einem Posten für zweckmäßig erachtet, weil eine Scheidung nach Unterstützungsformen zu einer erheblichen Komplizierung des Fragebogens in Bezug auf solche Ausgaben geführt hätte, die wegen ihrer verhältnismäßig geringen Höhe auf die Ergebnisse der Statistik ohne wesentlichen Einfluß sind. Demgemäß sollen hier sowohl die für in offener Pflege unterstützte Personen erwachsenen Beerdigungs- und Transportkosten, als auch diejenigen Aufwendungen verbucht werden, welche durch die Bestattung der in Kranken- oder Versorgungsanstalten verstorbenen Armen oder durch die Überführung von der geschlossenen Armenpflege angehörenden Personen erwachsen.

Beträchtlicher als in Bezug auf die offene Armenpflege sind die auf dem Gebiete der geschlossenen Pflege der Gewinnung einheitlichen statistischen Materials entgegenstehenden Schwierigkeiten. Hier ist einerseits die Verschiedenheit der Rechtslage eine viel weitgehendere und einschneidendere, während andererseits vielfach Einrichtungen in Betracht kommen, die nicht ausschließlich Armenzwecken dienen und in Bezug auf welche die speciell den Armenverband treffenden Kosten nur schwer nachzuweisen sind. Es ist bereits derjenigen Verschiedenheiten Erwähnung geschehen, welche sich daraus ergeben, daß z. B. die Fürsorge für Blinde und Taubstumme in dem einen Bundesstaate einen Gegenstand der gesetzlichen Armenfürsorge bildet, wogegen in dem anderen das Interesse des öffentlichen Unterrichts im Vordergrunde steht, daß ferner in einigen Bundesstaaten der Arbeitszwang gegenüber Arbeitsscheuen, Trunkfälligen oder ihre Nährpflicht verabsäumenden Familienhäuptern landesgesetzlich zugelassen ist und auf Kosten des Armenverbandes durchgeführt wird, während andere Bundesstaaten derartige Einrichtungen nicht kennen. Hier ist daher ein entsprechender Hinweis auf die Rechtslage, soweit dieselbe nicht etwa als notorisch betrachtet werden kann, notwendig.

Beigeordneter Zimmermann, der zuerst die Güte hatte, die Bearbeitung der für die geschlossene Armenpflege in Betracht kommenden Gesichtspunkte zu übernehmen, hat in 20 speciellen Entwürfen das Material disponiert. Doch glaubte die Kommission, sich vorläufig mit einem einfacheren Schema begnügen zu sollen, obgleich die Zimmermannschen Fragen im Falle ihrer Beantwortung ein ebenso wertvolles wie interessantes Material erbracht haben würden.

Handelt es sich um die Berechnung der durch die Anstaltspflege von Kranken, Irren oder Gebrechlichen entstehenden Kosten, so fragt es sich zunächst, ob die betreffende Anstalt im eigenen Besitze des Armenverbandes steht, oder sich in fremdem Besitze befindet. Im letzteren Falle ist regelmäßig ein bestimmter, meist für Erwachsene und Kinder verschieden normierter Einheitssatz vereinbart, und sollen im Fragebogen neben dem Gesamtbetrage der Zahlungen an die in Betracht kommenden Anstalten auch die vereinbarten Verpfleggeldsätze, sowie die Zahl der Verpflegtage für Erwachsene und für Kinder genau angegeben werden. Untersteht dagegen die Anstalt der Armenverwaltung selbst, so macht es naturgemäß einen wesentlichen Unterschied, ob der Armenetat mit den thatsächlichen Krankenpflegekosten belastet wird, oder ob der Armenverwaltung auch hier nach einem bestimmten Tarif vereinbarte Verpflegsätze in Rechnung gestellt werden, die in der Regel hinter dem thatsächlichen Aufwand erheblich zurückbleiben. Im letzteren Falle kann selbstredend lediglich die Einstellung dieser Sätze in Frage kommen; dagegen müßte die Aufführung der effektiven Kosten nicht nur gegenüber dem Tarifsystem zu Inkongruenzen führen, sondern auch in Bezug auf die Berechnung des einzustellenden Betrages dann zu wesentlichen Schwierigkeiten Anlaß bieten, wenn es sich — wie das meistens der Fall sein wird — um Anstalten handelt, die nicht nur Arme, sondern daneben auch Selbstzahler aufnehmen. Gelegentlich der Reichsarmenstatistik von 1885 war für diesen Fall Anweisung dahin ergangen, daß die dem Armenverbande erwachsenen Kosten, sofern sie nicht speciell nachgewiesen werden könnten, „nach Verhältnis" zu berechnen und anzusetzen seien.

Es liegt indessen auf der Hand, daß das Rechnungsergebnis ein durchaus verschiedenes sein wird, je nachdem man die Kopfzahl der Anstaltspfleglinge überhaupt zu Grunde legt, oder aber lediglich den Aufwand für die letzte Verpflegklasse in Betracht zieht; ferner wird eine großstädtische Krankenanstalt, die über kostspielige Einrichtungen, z. B. für Heilgymnastik, für Behandlung mit Röntgenstrahlen u. s. w. verfügt, stets einen wesentlich höheren Durchschnittssatz aufweisen, als das Krankenhaus der kleinen Stadt, in dem die modernen Einrichtungen noch nicht vorhanden sind. Angesichts derartiger finanziell bedeutsamer Verschiedenheiten und im Hinblick darauf, daß auch die der Armenverwaltung unterstehenden Anstalten in der Regel über ein eigenes Budget verfügen und mit der ersteren nach einem vereinbarten Tarif abrechnen, gelangte daher die Kommission zu der Überzeugung, daß auf dem Gebiete der Anstaltspflege für Kranke und Gebrechliche nur unter Zugrundelegung des Tarifsystems vergleichbares Material zu gewinnen und daß daher hier überall ein fester Verpfleggeldsatz einzustellen sei, der da, wo er thatsächlich nicht existiert, fingiert werden müsse, und zwar nach dem Satze, den die Ortskrankenkassen, eventl. die niedrigste Klasse der Selbstzahler, zu entrichten haben.

Nach diesem letzteren Grundsatze wird insbesondere auch seitens derjenigen Armenverwaltungen zu verfahren sein, welche mit den Landarmenverbänden oder mit der Provinzialverwaltung Abmachungen getroffen haben, wonach sie Irrenanstalten selbst unterhalten, also die Provinzialverwaltung von diesen Ausgaben befreien, dafür aber für jeden Verpflegtag einen Kostenzuschuß (z. B. in Frankfurt a. M. für 200 Geisteskranke je 40 Pfg. pro Tag) erhalten. Hier würde der Aufwand für Irrenpflege unter Zugrundelegung eines — eventl. zu fingierenden — Tarifsatzes in Ausgabe, der Kostenzuschuß dagegen unter der Position „Zuschüsse größerer korporativer Verbände" in Einnahme zu stellen sein.

Bei der Position „Fürsorge für Gebrechliche" konnte von der Unterscheidung nach kommunalen und sonstigen Anstalten abgesehen werden, weil den Armenverwaltungen eigene Anstalten für Epileptiker, Idioten, Blinde, Taubstumme und Krüppel im allgemeinen nicht zur Verfügung stehen, hier vielmehr die Unterbringung in fremden Anstalten auf Grund besonderen Tarifs ohnehin die Regel bildet.

Anders gestaltet sich dagegen die Sachlage in Bezug auf die Unterbringung Hilfsbedürftiger in Armen- und Versorgungsanstalten. Die große Mehrzahl der Armenverbände verfügt hier über eigene Anstalten, die je nach dem körperlichen Zustande und dem Grade der Arbeitsfähigkeit der Insassen entweder den Charakter von Siechen-, oder von Arbeitsanstalten tragen. Da zudem in den diesem Fürsorgegebiete gewidmeten kommunalen Anstalten die Konkurrenz von Selbstzahlern nur ausnahmsweise und dann lediglich in ganz geringem Umfange in Frage kommt, so soll hier neben dem Verpflegungsaufwande auch der Verwaltungsaufwand in den Fragebogen eingestellt werden, wobei die Zahlungen etwaiger Selbstzahler — als außerhalb des Bereiches der öffentlichen Armenpflege liegend — an den Ausgaben zu kürzen sein würden. Als „Verpflegungsaufwand" wäre dabei auch derjenige Betrag zu verrechnen, welcher für der geschlossenen Pflege überwiesene, demnächst aber von der Anstaltsleitung in ländlichen Koststellen untergebrachte Pfleglinge zu zahlen ist.

Während die Insassen wohl überall nach Maßgabe ihrer Leistungsfähigkeit zu Hausarbeiten aller Art, zu Reparaturen an Kleidung, Schuhzeug und Anstaltsinventar herangezogen werden, sind nicht selten mit Siechen- und Armenanstalten, regelmäßig aber mit Arbeitshäusern, landwirtschaftliche oder gewerbliche Betriebe verbunden. Die landwirtschaftlichen Produkte werden meist im Anstaltsbetriebe selbst konsumiert, mitunter aber auch an Private geliefert (z. B. Milch), während die Herstellung von Armensärgen, von Matten und Düten, die Sortierung von Droguen und ähnliche Arbeiten durch Anstaltsinsassen unter Leitung eines entsprechend geschulten Beamtenpersonals für Rechnung Dritter ausgeführt zu werden pflegen. Es erschien nun der Kommission von wesentlichem statistischem Interesse, zu ermitteln, in welchem Umfange und mit welchem finanziellen Erfolge innerhalb der einzelnen Anstalten Arbeiten ausgeführt werden, welche über den Begriff der Hausarbeit hinausgehen. Um angesichts der auf der Verschiedenheit der örtlichen Verhältnisse beruhenden Schwierigkeiten die Unterlage für eine ziffermäßige Ermittelung der Betriebsergebnisse zu schaffen, mußten gewisse einheitliche Grundsätze festgelegt werden. Zunächst sollen alle durch Insassen ausgeführten Hausarbeiten und Reparaturen für die Anstalt selbst völlig außer Ansatz bleiben und lediglich landwirtschaftliche, industrielle oder gewerbliche Betriebe, sowie der von dritter Seite gezahlte Betrag für zur Verfügung gestellte Arbeitskräfte von Anstaltsinsassen in Betracht gezogen werden. Weiterhin muß — entsprechend der Struktur des Fragebogens in Brutto — auch hier der Bruttoerlös aus den genannten Betrieben, d. h. derjenige Betrag eingestellt werden, welcher entweder von Dritten für abgesetzte Produkte bezahlt worden ist, oder der für letztere nach der jeweiligen Marktlage zu erzielen gewesen wäre, wenn jene Erzeugnisse nicht im Anstaltsbetriebe verbraucht, sondern verkauft worden wären. Wird den beschäftigten Insassen von dem erzielten Erlöse eine bestimmte Arbeitsprämie oder ein Taschengeld gewährt oder gutgeschrieben, so soll dieser Betrag nicht an den Einnahmen gekürzt, sondern unter den Verwaltungsausgaben mit in Rechnung gestellt werden.

Ist die Unterbringung Hilfsbedürftiger in anderen als kommunalen Anstalten erfolgt, was namentlich in Bezug auf sieche oder altersschwache Personen vorkommt, so greift das oben aufgestellte Princip der Einstellung eines festen Verpfleggeldsatzes Platz.

In Bezug auf die „Obdachlosenhäuser" ist hervorzuheben, daß es sich hier nur um solche Anstalten handelt, in welchen obdachlosen Hilfsbedürftigen nicht lediglich Wohnung, sondern zugleich vollständige oder teilweise Verpflegung (z. B. Abend- oder Morgensuppe) gewährt wird.

Während sich die „Kinderpflege" in den Großstädten durchweg von der offenen Armenpflege losgelöst und als „Waisenpflege" selbständig entwickelt hat, weil nur auf diesem Wege das erzieherische Moment genügende Berücksichtigung finden konnte, ist in kleineren und selbst mittleren Städten das Bedürfnis nach einer, mit einem komplizierten Verwaltungsapparate arbeitenden Waisenpflege nicht hervorgetreten, weil hier die geringe Anzahl der Kinder nicht nur eine zweckmäßige Auswahl der Koststellen ermöglicht, sondern auch eine regelmäßige und eingehende Beaufsichtigung der Kinder wie der Kosteltern durch die Armenpflegeorgane zuläßt. Wenn also eine Großstadt im Interesse des heranwachsenden Geschlechtes bedeutende Aufwendungen macht und — wie z. B. Hamburg — auch noch die schulentlassene Jugend in weitem Umfange staatlicher Fürsorge teilhaftig werden läßt, so muß das in der Statistik besonders hervortreten, da eine Buchung dieser Ausgaben unter dem Kapitel „offene Armenpflege" den Eindruck hervorzurufen geeignet wäre, als würde hier das Maß des gesetzlich Zulässigen bei weitem überschritten. Daraus ergiebt sich dann die Notwendigkeit, den Begriff der „Kinderpflege" genau zu präcisieren. Sowohl der allgemeine Sprachgebrauch, als auch innere Gründe mußten dazu führen, auf das Kapitel „Kinderpflege" im allgemeinen nur die Aufwendungen für solche Kinder zu setzen, die sich nicht in wirtschaftlicher Gemeinschaft mit den Eltern oder einem Elternteile befinden. Hierher gehören die Kosten für am Orte oder auswärts in Anstalts- oder Familienpflege untergebrachte Kinder, wogegen unter dem Kapitel „offene Armenpflege" zu verbuchen bleiben nicht nur die an Eltern oder Elternteile behufs Unterbringung ihrer Kinder in Koststellen gezahlten Unterhaltsbeiträge, sondern auch die (in Berlin als Ausgaben für Kinder gebuchten) sogenannten „Pflegegelder", da in diesem Falle die Mutter als unterstützte Person gilt, übrigens auch die Kinder meist bei dieser leben[1]. Als nicht hierher gehörig waren ferner die für nicht der Waisenpflege anheimgefallene kranke und gebrechliche Kinder aufzuwendenden Kosten zu erachten, während im übrigen bei dem Kapitel „Kinderpflege" zwischen vollständiger und ergänzender Fürsorge unterschieden werden soll.

Bei Unterbringung in eigenen Anstalten der Armenverwaltung soll der Aufwand für Verpflegung (einschließlich Bekleidung und Krankenpflege) von den Verwaltungskosten getrennt aufgeführt und dabei die Zahl der Kinder wie der Verpflegtage mit angegeben werden. Daneben sind für Zahlungen an fremde Anstalten, sowie für Aufwand für die von der Armenverwaltung unmittelbar in Familienpflege gegebenen Kinder besondere Positionen geschaffen. Als in eigenen Anstalten erwachsener Armenaufwand würden die Waisenhauskosten auch in Bezug auf diejenigen Gemeinden zu erachten sein, in welchen die öffentliche Waisenpflege einer selbständigen Behörde mit eigenem Budget unterstellt ist. Eine solche formelle Trennung besteht z. B. in Hamburg, sie beruht hier aber auf der rein lokalen historischen Entwickelung des ursprünglich als milde Stiftung zur Aufnahme verwaister Hamburger Bürgerkinder konstituierten Waisenhauses, während die Gesetzgebung keinen Zweifel darüber

---

[1] Vgl. Verwaltungsbericht der Stadt Berlin 1896/97, S. 10.

läßt, daß die Waisenfürsorge einen Zweig der öffentlichen Armenpflege bildet. Danach würde der Gesamtaufwand für die hamburgische öffentliche Waisenpflege, unter Abzug lediglich der Aufwendungen für die armenrechtlich nicht hilfsbedürftigen sog. Stiftungskinder, unter dem Kapitel „Kinderpflege" zu verrechnen sein, und zwar dergestalt, daß die Kosten der eigentlichen Anstaltspflege (im Waisenhause selbst) unter Position 1, die Zahlungen an fremde Anstalten (z. B. für Hamburg das katholische Waisenhaus in Bergedorf) unter Position 2 und der Aufwand für in Familienpflege untergebrachte Kinder unter Position 3 aufzuführen wäre. Von charakteristischer Bedeutung ist die Höhe der für die in Familienpflege untergebrachten Kinder gezahlten Kostgeldsätze, deren ziffermäßige Aufführung daher besonders gewünscht wird[1]. Die durch Erstreckung der öffentlichen Fürsorge bis zur Mündigkeit entstehenden Kosten für Überwachung und Beaufsichtigung Minderjähriger werden bei der Position 1 als Verwaltungsaufwand zu verrechnen, aber thunlichst, wenn auch nur approximativ, besonders hervorzuheben sein.

Als „ergänzende Fürsorge" sollen diejenigen Aufwendungen verbucht werden, welche für Unterbringung von Kindern in Krippen, Warteschulen und Horten, in Kinderheilstätten u. s. w., sowie für Schulspeisung und Schulbekleidung erwachsen sind. Zwar handelt es sich hier um Ausgaben zu Gunsten von Kindern, welche mit ihren Eltern in wirtschaftlicher Gemeinschaft leben; andererseits wird die Unterstützung aber den Kindern unmittelbar zuteil, sodaß dieselbe den Eltern nur indirekt zu Gute kommen kann. Der Aufwand für Krippen, Warteschulen u. s. w. ist an dieser Stelle übrigens nur dann zu verrechnen, wenn die Gemeinde selbst Anstalten dieser Art eingerichtet hat oder wenn es sich um Aufwendungen zu Gunsten bestimmter Hilfsbedürftiger handelt, während etwaige, zu den bezeichneten Zwecken geleistete Subventionen an Stiftungen oder Wohlthätigkeitsvereine unter der späteren Position „Ergänzungen der öffentlichen Armenpflege" zu verrechnen wären.

In Bezug auf die Position „Zahlungen an auswärtige Armenverbände" wurde, im Gegensatz zu dem Fragebogen des Vereins deutscher Städtestatistiker, der die Erstattungen am Schlusse jeder einzelnen Ausgabeposition aufführt, eine zusammenfassende Gruppierung bevorzugt. Hier sind demnach alle Kosten nachzuweisen, welche von der Armenverwaltung auf Grund des Gesetzes über den Unterstützungswohnsitz an auswärtige Armenverbände gezahlt worden sind.

Unter der Position „Ergänzungen der öffentlichen Armenpflege" sollen schließlich diejenigen Aufwendungen nachgewiesen werden, welche aus Mitteln der Armenverwaltung oder aus allgemeinen städtischen Mitteln an Wohlthätigkeitseinrichtungen, die den Zwecken der öffentlichen Armenpflege dienen, gezahlt wurden. Diesbezügliche Angaben erscheinen erforderlich, wenn nicht zwischen zwei Gemeinden Ungleichheiten aufkommen sollen, von denen z. B. die eine eine Krippe

---

[1] Vgl. Schriften des Deutschen Vereins für Armenpflege und Wohlthätigkeit Heft 43, S. 71.

aus eigenen Mitteln unterhält, während in der anderen aus der allgemeinen Stadtkasse eine von einem Wohlthätigkeitsverein unterhaltene gleichartige Einrichtung subventioniert wird.

Daß die Finanzstatistik der Armenverwaltungen, wenn wirklich vergleichbares Material gewonnen werden soll, wenigstens die organisierte Privatwohlthätigkeit mit in Betracht ziehen muß, ist bereits oben S. 9 näher dargelegt. Sonst würden Ergebnisse, wie sie z. B. aus Lübeck, Bamberg und anderen Städten zu erwarten sind, wo die Armenlast zum größten Teil von Stiftungen getragen wird, geradezu unverständlich sein. Aber nicht nur zur Ausgleichung ist die Berücksichtigung der Privatwohlthätigkeit von wesentlichem Belang; auch abgesehen von diesem Gesichtspunkte ist der Versuch einer näheren Feststellung, welche weder durch Arbeitsleistung, noch aus öffentlichen Armenmitteln herbeigeschafften Beträge der unbemittelten Bevölkerung zufließen, von hohem volkswirtschaftlichem Interesse. Diese Erhebung, welche in der vorgeschlagenen Form ein allzu peinliches Eindringen in den Vermögensstand und in die Verwaltung der in Betracht kommenden Wohlthätigkeitseinrichtungen vermeidet, wird überraschende Resultate ergeben. Als Beispiel mag hier angeführt werden, daß in Hamburg im Jahre 1898 allein aus 500 Stiftungen an rund 13 000 Personen 1 567 620,32 Mk. zur Verteilung gelangt sind, wobei der Aufwand für Freiwohnungen — solche hatten 2446 Personen inne — und sonstige Naturalgaben nicht eingerechnet, auch die über erhebliche Summen verfügenden Mietehilfs- und sonstigen wohlthätigen Vereine nicht mitberücksichtigt sind.

Auf Grund vorstehender Erwägungen soll den Armenverwaltungen aller dem Verein angehörenden Städte von mindestens 25 000 Einwohnern der folgende Fragebogen nebst Anleitung zu dessen Ausfüllung übermittelt werden.

Stadt: . . . .
Einwohnerzahl am 2. Dezember 1900: . . . .
Jahr: 1. April 1900 bis 31. März 1901

Fragebogen.

Einnahmen der Armenverwaltung.

                                              Mk.   Mk.

1. Aus eigenem Vermögen . . . .
2. Aus Stiftungen, deren Erträgnisse zu Zwecken der öffentlichen Armenpflege Verwendung finden . . .
3. Aus Steuern, welche zu Armenzwecken erhoben werden, aus Strafgeldern, Gebühren u. f. w. . . .
4. Wert der von der Gemeinde in Natur gewährten Leistungen, und zwar: Mk.
    a) Mietwert von Diensträumen . .
    b) Besoldung für Beamte . . . .
    c) Sonstige zu berrechnende Leistungen
                        Sa. Mk.
5. Zuschüsse: Mk.
    a) der Staatskasse . . . . . .
    b) größerer korporativer Verbände . . . .
    c) der Gemeindekasse . . . . .
                        Sa. Mk.
6. Erstattungen: Mk.
    a) von Orts- und Landarmenverbänden
    b) von Krankenkassen, Berufsgenossenschaften, Versicherungsanstalten u. f. w. . . .
    c) vom Unterstützten selbst, bezw. aus seinem Nachlasse oder von dritten Personen . . . .
                        Sa. Mk.
7. Sonstige Einnahmen, und zwar
. . . .
                                  Sa.

Ausgaben der Armenverwaltung.

I. Allgemeine Verwaltungsausgaben.

                                              Mk.   Mk.

1. Aufwand für das eigene Dienstgebäude, als Miete, Heizung u. f. w., bezw. Mietwert der zur Verfügung gestellten Räume . . . .

2. Aufwand für ehrenamtliche Organe
   (z. B. Vergütung an die Armenvorsteher, Erstattung
   barer Auslagen, Miete für Sitzungslokale u. s. w.) . . . .
3. Besoldung der Beamten und Angestellten der Armen=
   verwaltung (auch wenn die Kosten bei anderen Etats=
   titeln verrechnet oder aus anderen Kassen als der
   Armenkasse gezahlt werden) . . . .
4. Druckkosten, Papier, Formulare, Schreibmaterialien,
   Zeitschriften, Bücher (auch wenn die Kosten nicht
   aus der Armenkasse gezahlt werden) . . . . . .
5. Sonstiger Verwaltungsaufwand, insbesondere Prozeß=
   kosten, Reisekosten u. s. w. . . . .
                                                    Sa.   . . . .

II. Offene Armenpflege.

A. Unterstützungen zum Lebensunterhalt.

a) Barunterstützungen.

                                                                               Mk.   Mk.

1. Laufende (dauernde) für . . . . Familien (Armenparteien) . . . .
2. Einmalige (vorübergehende) . . . .
   darunter Mieteunterstützungen . Mk. . . . .
                                                    Sa.   . . . .

b) Naturalunterstützungen.

1. Wohnung . . . .
2. Nahrungsmittel . . . .
   davon insbesondere   Mk.
     a) Suppe . . . .
     b) Brot . . . .
     c) Milch . . . .
3. Kleidung und Hausrat . . . .
4. Heizmaterial . . . .
                                                    Sa.   . . . .

B. Offene Krankenpflege.

                                                                               Mk.   Mk.

1. Remuneration der Armenärzte,
   und zwar für . . . Ärzte . . . .
2. Remuneration der Armenhebammen . . . .
3. Remuneration an Warte=, Heil= und Pflegepersonal . . . .
4. Heilmittel . . . .
   davon insbesondere   Mk.
     a) Arzneien
     b) mechanische Heilmittel (Brillen,
        Bandagen, Bruchbänder, künst=
        liche Gliedmaßen u. s. w.) . . . .
5. Aufenthalt in Bädern, Kurorten, Genesungsstätten,
   Trinkerasylen u. s. w. . . . .
                                                    Sa.   . . . .

C. Beerdigungskosten.   . . . .
D. Reise= und Transportkosten.   . . . .
                                                    Sa.   . . . .

Einheitliche Gestaltung der Armen-Finanzstatistik. 25

III. Geschlossene Armenpflege.
A. Fürsorge in Anstalten für Kranke und Gebrechliche.
a) Krankenhauspflege.

                Mk.   Mk.

1. Aufwand in kommunalen Anstalten für .... Kranke mit .... Verpflegtagen . . . .
2. Zahlung an sonstige Krankenanstalten (staatliche, korporative, private) nach dem Einheitssatze von Mk. . . . .
 für Kranke .... mit .... Verpflegtagen . . .
             Sa. —————— . . . .

b) Irrenpflege.

1. Aufwand in kommunalen Anstalten für .... Kranke mit .... Verpflegtagen . . . .
2. Zahlung an sonstige Irrenanstalten (staatliche, korporative, private) nach dem Einheitssatze von Mk. . . . .
 für .... Kranke mit .... Verpflegtagen . .
             Sa. —————— . . . .

c) Fürsorge für Gebrechliche.

Es betrug der Gesamtaufwand für in Anstalten untergebrachte
                Mk.   Mk.

1. .... Epileptiker mit .... Verpflegtagen . .
2. .... Idioten   = ...   = . .
3. .... Blinde   = ...   = . .
4. .... Taubstumme = ...   = . .
5. .... Krüppel   = ...   = . .
             Sa. —————— . . . .

B. Fürsorge in Armen- und Versorgungsanstalten.
a) Siechen- und Armenhäuser.

           Mk.   Mk.   Mk.

1. In eigenen Anstalten betrug der Verpflegungsaufwand für ... Personen mit ... Verpflegtagen . . . . . .
 Der Verwaltungsaufwand . . . .
        Sa. ——————
 Davon ist in Abzug zu bringen der in landwirtschaftlichen, industriellen oder gewerblichen Anstaltsbetrieben oder durch Arbeitsleistung von Insassen zu Gunsten der Anstaltskasse erzielte Ertrag mit . . . .
    sodaß verbleiben   . . . .

2. Zahlung an andere kommunale, staatliche oder private Anstalten nach dem Einheitssatze von Mk. ...   Mk.   Mk.   Mk.

für .... Personen mit .... Verpflegtagen ....

                           Sa. ———

b) Arbeitshäuser.

1. In eigenen Anstalten betrug   Mk.   Mk.   Mk.
der Verpflegungsaufwand
für .... Personen mit ....
Verpflegtagen ....
der Verwaltungsaufwand. .

                           Sa. ———

Davon ist in Abzug zu bringen der in landwirtschaftlichen, industriellen oder gewerblichen Anstaltsbetrieben oder durch Arbeitsleistung von Insassen zu Gunsten der Anstaltskasse erzielte Ertrag mit

                   sodaß verbleiben ———

2. Zahlung an andere Anstalten nach dem Einheitssatze von Mk. ....

für .... Personen mit .... Verpflegtagen ....

                           Sa. ———

c) Obdachlosenhäuser.

Der Aufwand betrug   Mk.   Mk.
1. in Ermittiertenhäusern (Familienobdach) für ... Personen mit ... Verpflegtagen ....
2. für nächtliches Obdach bei ... Personen ...

                           Sa. ———

IV. Kinderpflege.

A. Vollständige Fürsorge.

1. In eigenen Anstalten betrug der   Mk.   Mk.   Mk.
Verpflegungsaufwand (inkl. Bekleidung und Krankenpflege) für ... Kinder mit ... Verpflegtagen . .
der Verwaltungsaufwand . .

                           Sa. ———

2. Zahlung an fremde Anstalten für ... Kinder mit ... Verpflegtagen .
3. Aufwand für in Familienpflege untergebrachte .... Kinder ...

                           Sa. ———

Der Kostgeldsatz betrug ......

B. Ergänzende Fürsorge.

                                                                   Mk.   Mk.

1. Aufwand für Unterbringung in Krippen, Warteschulen (Bewahranstalten) Kinderheimen, Kinderhorten . . . .
2. Aufwand für Unterbringung in Kinderheilstätten, Seehospizen, Ferienkolonien . . . .
3. Aufwand für Schulspeisung . . . .
4. Aufwand für Schulbekleidung . . . .
                                             Sa.

V. Zahlungen an auswärtige Armenverbände.

                                                       Mk.   Mk.

1. Für offene Armen- (und Kranken-)pflege . . . .
2. Für geschlossene Armen- (und Kranken-)pflege . . . . .
3. Für Kinderpflege . . . .
                                             Sa.

VI. Ergänzungen der öffentlichen Armenpflege.

Welche den Zwecken der öffentlichen Armenpflege dienenden Wohlthätigkeitseinrichtungen erhalten aus den Mitteln der Armenverwaltung oder allgemeinen städtischen Mitteln Zuschüsse?

        Bezeichnung der Einrichtung   Zuschuß Mk.   Mk.
    a) . . . .
    b) . . . .
    c) . . . .
    d) . . . .
    e) . . . .
                                     Sa.

                    Zusammenstellung.

Einnahmen . . . .
Ausgaben
    I. Allgemeine Verwaltungsausgaben . . . .
   II. Offene Armenpflege . . . .
  III. Geschlossene Armenpflege . . . .
  IV. Kinderpflege . . . .
   V. Zahlungen an auswärtige Armenverbände . . . . .
 VI. Zuschüsse . . . .
                                       Sa.

Anhang.

Bestehen neben der öffentlichen Armenverwaltung selbständige Anstalten und Wohlthätigkeitseinrichtungen, deren Aufgaben sich mit denen der öffentlichen Armenpflege decken?
    Name und Zweck derselben?
    Zahl der Pfleglinge?
    Ausgaben derselben?

Anleitung zur Ausfüllung des Fragebogens.

Einnahmen der Armenverwaltung.

Position 1. Hierunter gehören alle Vermögenserträgnisse, welche zu den im Fragebogen vorgesehenen Ausgaben Verwendung finden.

Position 2. Stiftungen, deren Erträgnisse zu besonderen, außerhalb der Aufgaben der öffentlichen Armenpflege liegenden und daher in den Ausgabepositionen des Fragebogens nicht berücksichtigten Zwecken Verwendung finden, sind nicht aufzuführen.

Position 5. Hier sind auch dann Angaben zu machen, wenn die Zuschüsse nicht in einer bestimmten Summe, sondern in festen Verpflegungsbeiträgen für Pfleglinge bestehen. Unter 5 c ist der thatsächliche rechnungsmäßige Zuschuß, nicht etwa der in den Haushaltsplan eingestellte Betrag, anzugeben.

Position 6. Hierunter sind sämtliche Erstattungen ohne Rücksicht auf die Art der Unterstützung, also auch Erstattungen für Anstaltspflege, Bekleidung, Transportkosten u. s. w. aufzuführen. Unter 6 c ist auch der Wert der etwa auf Grund Erbrechts in den Besitz der Armenverwaltung übergehenden Mobiliarnachlässe anzugeben.

Ausgaben der Armenverwaltung.

I. Allgemeine Verwaltungsausgaben.

Die Verwaltungsausgaben für die den Zwecken der geschlossenen Armenpflege und der Kinderpflege dienenden Anstalten sind unter den diesbezüglichen Rubriken zu berücksichtigen; hier sollen nur die Ausgaben für die Centralverwaltung verzeichnet werden.

Position 5. Hierunter sind unter anderem auch sämtliche Portokosten zu verbuchen, auch wenn sie nicht unmittelbar von der Armenverwaltung getragen werden. Reisekosten kommen für diese Position nur insoweit in Betracht, als sie nicht aus Anlaß des Transportes Unterstützter entstanden sind; letzteren Falles sind sie unter II D aufzuführen.

II. Offene Armenpflege.

A. Unterstützungen zum Lebensunterhalt.

a) Barunterstützungen.

Position 1. Unter laufender — dauernder — Unterstützung soll jede Unterstützung ohne Rücksicht auf die Dauer verstanden werden, welche nicht zur Hebung eines augenblicklichen, durch eine einmalige Zahlung beseitigten Notstandes dient.

Position 2. Einmalige (Extra-) Unterstützungen für laufend (dauernd) Unterstützte sind unter II A a 1 zu verbuchen.

Als Mieteunterstützungen sollen alle Aufwendungen gelten, welche vom Armenverbande in barem Gelde zur Verschaffung von Obdach gemacht sind.

b) Naturalunterstützungen.

Position 1. Hierher gehört nur der Aufwand für ohne Verpflegung erfolgte Unterbringung in Exmittiertenhäusern, Armenwohnungen, Asylen u. s. w.; sonst sind die Kosten unter geschlossener Pflege zu berücksichtigen.

Position 2a. Hierunter ist der gesamte Aufwand für in zubereiteter Form abgegebene Nahrungsmittel zu verbuchen, demnach auch der Aufwand für Mittagessen. Die Kosten der Schulspeisung werden unter Kinderpflege aufgeführt.

Position 2c. Auch sofern die Milch vom Arzt für Kranke, Säuglinge und altersschwache Personen als diätetisches Heilmittel verordnet ist, ist der Aufwand hier zu verrechnen.

Position 3. Ist die Bekleidung im besonderen Interesse eines Kindes, z. B. um diesem den Schulbesuch zu ermöglichen, verausgabt worden (Schulbekleidung), so gehört der Aufwand unter Kinderpflege.

B. Offene Krankenpflege.

Position 1. Sollten fest remunerierte Ärzte nicht vorhanden sein, so ist die nach den einzelnen Krankenfällen an die Ärzte gezahlte Entschädigung aufzuführen.

C. Beerdigungskosten.

Der gesamte Aufwand für Beerdigungen ohne Rücksicht darauf, ob sich der Verstorbene in offener oder geschlossener Pflege befand, ist hierunter anzugeben.

D. Reise- und Transportkosten.

Hierunter gehören die sämtlichen, für den Transport Armer und für deren Begleiter gezahlten Kosten.

III. Geschlossene Armenpflege.

A. Fürsorge in Anstalten für Kranke und Gebrechliche.

a) Krankenhauspflege.

Position 1. Einzustellen sind die an die Krankenanstalt vergüteten Verpflegungskosten. Findet eine Abrechnung zwischen der Armenverwaltung und dem Krankenhause nicht statt, weil der Etat des letzteren einen Teil des Armenetats bildet, so ist der Aufwand für die Verpflegung armer Kranker nach demjenigen Satze zu berechnen, den die Ortskrankenkassen, eventuell die niedrigste Klasse der Selbstzahler, zu entrichten haben.

b) Irrenpflege.

Vergleiche die Erläuterungen bei dem Abschnitte „Krankenhauspflege".

c) Fürsorge für Gebrechliche.

Hierunter sind die Kosten für in Idioten-, Blinden-, Taubstummen- und ähnlichen Anstalten auf Armenkosten untergebrachte Kinder mit zu berechnen.

B. Fürsorge in Armen- und Versorgungsanstalten.

a) Siechen- und Armenhäuser.

Position 1. Unter „Verpflegungsaufwand" würde auch derjenige Betrag zu verrechnen sein, welcher für der geschlossenen Pflege überwiesene, demnächst aber von der Anstaltsleitung in ländlichen Kostsstellen untergebrachte Pfleglinge zu zahlen ist.

In Abzug zu bringen ist der Bruttoertrag des etwa bestehenden landwirtschaftlichen, industriellen oder gewerblichen Anstaltsbetriebes, sowie derjenige Betrag, welcher etwa durch Arbeitsleistung von Insassen für Dritte zu Gunsten der Anstaltskasse erzielt ist. Im Anstaltsbetriebe verbrauchte oder an die Armenverwaltung gelieferte Produkte sind zum Marktwerte anzusetzen. Hausarbeit (einschließlich Reparatur von Inventar) bleibt außer Berechnung.

b) Arbeitshäuser.

In betreff der Berechnung des Abzuges gilt das vorstehend Gesagte.

c) Obdachlosenhäuser.

Vergl. die Bemerkung zu II A b 1.

IV. Kinderpflege.

A. Vollständige Fürsorge.

Es handelt sich hier um die durchweg als „Waisenpflege" bezeichnete vollständige Fürsorge für Kinder außerhalb des elterlichen Hauses. Die für nicht der Waisenpflege überwiesene kranke oder gebrechliche Kinder aufgewendeten Kosten sind daher an anderer Stelle nachzuweisen.

Position 3. Erwünscht ist die Angabe etwa bestehender fester Kostgeldsätze.

B. Ergänzende Fürsorge.

Die bezüglichen Kosten sind hier nur insoweit zu verrechnen, als die Armenverwaltung selbst Krippen u. s. w. unterhält oder die Kosten pro Kopf berechnet und vergütet werden. Etwaige Subventionen sind unter VI aufzuführen.

V. Zahlungen an auswärtige Armenverbände.

Hierunter sind alle Kosten nachzuweisen, welche von der Armenverwaltung an auswärtige Armenverbände auf Grund des Gesetzes über den Unterstützungswohnsitz gezahlt worden sind. Diese Kosten bleiben bei den im Fragebogen unter II bis IV angegebenen Positionen außer Ansatz, da es sich dort nur um die von der Armenverwaltung direkt ausgeübte Fürsorge handelt.

Anhang.

Es soll versucht werden, einen Überblick über die Leistungen der organisierten Privatwohlthätigkeit, soweit die öffentliche Armenpflege durch dieselbe direkt entlastet wird, zu gewinnen. Bei größerem Umfange des Materials wird sich eine der Einteilung des Fragebogens entsprechende Gruppierung empfehlen.

Der Fragebogen soll nach erfolgter Ausfüllung durch die Armenverwaltungen zwecks weiterer Bearbeitung an eine Centralstelle abgegeben und das zweifellos überaus interessante und wertvolle Ergebnis von hier aus allen denjenigen Verwaltungen mitgeteilt werden, welche ihr Interesse für den Gegenstand durch Ausfüllung des Fragebogens bekundet haben. Ein solches Verfahren empfiehlt sich sowohl aus praktischen Gründen, wie auch zur Sicherstellung einer einheitlichen wissenschaftlichen Verarbeitung des gewonnenen Materials. Wollte man die Nutzbarmachung des letzteren jeder einzelnen Verwaltung überlassen, die das Bedürfnis empfindet, ihre finanziellen Ergebnisse mit denen anderer Verwaltungen zu vergleichen, so wäre die betreffende Verwaltung zu umfangreichen statistischen Arbeiten und häufig auch wohl zu besonderen Rückfragen genötigt. Damit würde einerseits der Kreis derjenigen Gemeinden, welche aus der Statistik Nutzen zu ziehen in der Lage sind, auf die wenigen größeren Verwaltungen beschränkt sein, welche über die zu sachgemäßer Bearbeitung des Materials unentbehrlichen statistisch geschulten Arbeitskräfte verfügen, während andererseits derselbe Gegenstand gleichzeitig an verschiedenen Stellen zu bearbeiten wäre. Entscheidend mußte aber das wissenschaftliche Interesse ins Gewicht fallen, das nur dann in richtiger Weise gewahrt erscheint, wenn die Bearbeitung in die Hand einer von einem Sachverständigen geleiteten Centralstelle gelegt werden kann, welche einerseits die in der ersten Zeit unvermeidlichen Unebenheiten durch Rückfragen auszugleichen, sowie die gesammelten Erfahrungen zum Zwecke der Verbesserung des Fragebogens im Interesse aller beteiligten Gemeinden zu verwerten haben wird und von deren Thätigkeit andererseits erwartet werden darf, daß durch sie auch diejenigen Armenverwaltungen, welche bisher der Statistik besondere Aufmerksamkeit nicht geschenkt haben, auf die Bedeutung derselben hingewiesen und zu Vergleichungen ihrer Verhältnisse mit denen anderer Gemeinden werden angeregt werden. Erfreulicherweise hat sich Herr Silbergleit, Direktor des statistischen Bureaus der Stadt Magdeburg, welcher als Mitglied der Kommission mit den Intentionen der letzteren genau vertraut ist, bereit gefunden, die Bearbeitung der Ergebnisse der Umfrage zu übernehmen. Damit ist nicht nur die einheitliche Gestaltung der Armen-Finanzstatistik nach Maßgabe des Flesch'schen Antrages in die Wege geleitet, sondern zugleich auch im Sinne der Zimmermannschen Anregung die Gewähr gegeben, daß die Armenverwaltungen durch häufiger als einmal jährlich wiederkehrende statistische Anfragen fernerhin nicht mehr behelligt werden.

Der Inhalt der vorstehenden Ausführungen läßt sich in die nachstehenden, der Jahresversammlung zur Annahme empfohlenen Leitsätze zusammenfassen:

I. **Zur Erlangung vergleichbaren statistischen Materials empfiehlt sich eine auf die Städte von mindestens 25 000 Einwohnern beschränkte periodische Umfrage an der Hand des vorgeschlagenen Fragebogens.**

II. **Der alljährlich für das Wirtschaftsjahr vom 1. April bis zum 31. März auszufüllende Fragebogen ist an einer Centralstelle einheitlich zu bearbeiten und das Ergebnis den beteiligten Armenverwaltungen kostenfrei zu übermitteln.**

Anlage 1a. **Königreich Bayern.**

Fragebogen I.
Leistungen der gemeindlichen Armenpflege im Jahre 1 . . .

I. Unterstützte Personen.

                                                                        Pers.   Mk.

1. Wie viele Personen wurden im ganzen dauernd unterstützt . . . .
    wie viele hiervon
      a) mit Geld . . . . .
      b) durch Naturalleistungen
      c) durch Unterbringung in Heil-, Pflege-, Erziehungsanstalten u. s. w., u. s. w.
2. Wie viele Familienglieder nahmen an der den Familienhäuptern gewährten Unterstützung teil? .
3. Wie viele von dauernd Unterstützten (Ziff. 1) waren jugendliche Personen, welche
      a) auf Rechnung der Armenpflege erhalten und erzogen wurden
      b) bloß Schulgeldbefreiung oder Lehrmittelbefreiung erhielten
4. Wie viele Personen wurden vorübergehend unterstützt
      a) ganz oder teilweise arbeitsunfähige Personen
      b) arbeitsfähige Personen

II. Abschluß der Armenkassa-Rechnung.

                                                                         Mk.

1. Einnahmen.
    Titel   I. Einnahmen aus den Vorjahren
     =   II. Einnahmen aus den Nutzungen des Lokalarmenfonds
     =   III. Einnahmen aus den stiftungsgemäß für die Armenkasse verfügbaren Nutzungen örtlicher Wohlthätigkeitsstiftungen
     =   IV. Einnahmen auf Grund besonderer gesetzlicher Bestimmungen
     =   V. Einnahmen aus örtlichen Abgaben für öffentliche Belustigungen u. s. w.
     =   VI. Einnahmen aus Zuschüssen anderer Kassen (vom Staat, von der Kreisgemeinde, vom Distrikte u. s. w.)
     = VII. Einnahmen aus Ersatzleistungen . . . . .
     = VIII. Sonstige Einnahmen
     =   IX. Einnahmen aus den zur Deckung des Deficits der Armenkasse von der Gemeinde geleisteten Zuschüssen
    Summe der Einnahmen . . . .

Einheitliche Gestaltung der Armen-Finanzstatistik.

Mk.

2. Ausgaben.
   Titel I. Auf den Bestand der Vorjahre . . . .
     = II. Auf die Verwaltung . . . .
     = III. Auf Unterstützungen . . . .
     = IV. Ausgaben für Armenhäuser, Magazine und Armen-
            anstalten . . . .
     = V. Ersatzleistungen an anderen Armenpflegen . . . .
     = VI. Sonstige Ausgaben . . . .
   Summe der Ausgaben . . . .
3. Stand des rentierenden Grundstockvermögens (Lokalarmenfonds) . . . . .

III. Krankenkassen.

a) gemeindliche (Artikel 20 des Gesetzes)
    1. besteht in der Gemeinde eine gemeindliche Krankenkasse?
    2. Wie groß ist die Gesamtsumme der Jahresbeiträge in Mark?
b) industrieller oder gewerblicher Unternehmen.
    1. Wie viele solcher Kassen bestehen in der Gemeinde?
    2. Wie groß ist die Gesamtsumme der Jahresbeiträge in Mark?

IV. Gemeindliche Anstalten und Einrichtungen.

	Zahl?	Ausgaben? Mk.	Einnahmen an Ersatzleistungen? Mk.	rentierendes Vermögen? Mk.
1. Pfründehäuser . . .				
2. Anstalten für Unterbringung von Waisen, Findel- und anderen armen Kindern				
3. Anstalten für verwahrloste Kinder				
4. Kleinkinderbewahranstalten				
5. Suppenanstalten . . .				
6. Armenbeschäftigungsanstalten			,	
7. Krankenanstalten . . .				

Anlage 1b.

Fragebogen II.
Leistungen der distriktiven Armenpflege im Jahre 1...

I. Leistungen des Distrikts.

1. Gesetzliche Distriktslasten: Mk.
    a) Unterstützung überbürdeter Gemeinden. Zahl derselben .
       Summe der Unterstützungen . . . . .
    b) für Unterhaltung der bestehenden Distrikts-Wohlthätigkeits- und Krankenanstalten . . . . .
    c) für Abmassierung und Mehrung des Distriktsarmenfonds . . . .
2. Freiwillige Leistungen:
    a) für Errichtung neuer Wohlthätigkeitsanstalten . . . .
    b) sonstige Leistungen . . . .
3. Stand des rentierenden Distriktsarmenfonds . . . .

II. Distriktive Anstalten und Einrichtungen.

	Zahl?	Ausgaben?	Einnahmen an Ersatzleistungen?	rentierendes Vermögen?
	Mk.	Mk.	Mk.	Mk.
1. Armen-Versorgungsanstalten . .				
2. Armenbeschäftigungsanstalten .				
3. Anstalten zur Unterbringung von Waisen und anderen armen Kindern				
4. Anstalten für verwahrloste Kinder				
5. Krankenanstalten . . .				

Anlage 1c. **Königreich Bayern.**

Fragebogen III.
Für die in einer Gemeinde bestehenden Wohlthätigkeitsstiftungen und Privat-Wohlthätigkeitsvereine und Anstalten.
Art. 28 Abs. II des Gesetzes über die öffentliche Armenpflege vom 29. April 1869.

———

                                                                          Mk.

Die Angaben haben sich auf das Jahr 1 . . . zu beziehen.
1. Name der Stiftung bezw. des Vereines oder der Anstalt?
2. Zweck? . . . .
3. Gesamteinnahmen . . . .
4. Ausgaben auf den Zweck (mit Ausschluß der Verwaltungskosten) . . . .
5. Stand des rentierenden Vermögens . . . .
6. Zahl der unterstützten Personen . . . .

———

Anlage 2. **Großherzogtum Oldenburg.**

Auszug aus den Armenrechnungen der Gemeinden des Amts . . . . für das Rechnungsjahr 1. Mai 1 . . .

A. Einnahmen.

———

                                         Mk.   Mk.

I. Aus früherer Rechnung:
1. Kassenbehalt — Receß —
2. Rückstände — Restanten — . . . .
                          Sa. ————

II. Aus der Verwaltung des eigenen Vermögens:
1. Des Grundvermögens   Mk.   Mk.
   a) An gewöhnlichen Einnahmen . . . .
   b) Aus Veräußerung von Grundstücken und Gebäuden und aus Ablösungen . . . . . .
                  Sa. ————

2. Des Kapitalvermögens   Mk.   Mk.   Mk.
   a) An Zinsen . . . .
   b) An abgetragenen Kapitalien . . . . . .
                                    Sa.   . . . .
3. Des Mobiliarvermögens . . . .
                                              Sa.   . . . .

III. An Vermächtnissen, Schenkungen, freiwilligen Beiträgen u. s. w.:
1. Vermächtnisse und Schenkungen . . . .
2. Freiwillige Beiträge, Klingelbeutelgelder u. s. w. .
                                    Sa.

IV. An Zuschüssen und vertragsmäßigen Leistungen:
1. Aus der Landeskasse . . . .
2. Aus generellen Fonds . . . .
3. Aus anderen Gemeindekassen . . . .
                                    Sa.

V. An zurückgezahlten Vorschüssen und Unterstützungen.
1. Aus den generellen Fonds und von anderen Gemeinden . . . .
2. Aus der Amtsverbandskasse für die Unterstützung von Landarmen . . . .
3. Von einzelnen Gemeindebürgern: Mk.
   a) Vorschüsse auf Zeit . . .
   b) Armenunterstützungen . . .
                                    Sa.
                                              Sa.   . . . .

VI. An Erlös aus dem Verkauf:
1. von Arbeiten der Armen . . . .
2. des Nachlasses von Armen . . . .
3. aus anderen Gemeindekassen . . . .
                                    Sa.

VII. An Gebühren, Brüchen u. s. w. . . . .
   VIII. An Armenbeiträgen . . . .
     IX. Angeliehene Kapitalien . . . .
      X. Sonstige Einnahmen . . . . . .
                                Gesamteinnahme   . . . .

B. Ausgaben.
                                              Mk.   Mk.
I. Vorschuß des Rechnungsführers . . . .
   II. Allgemeine Verwaltung:
1. Gehalte des Rechnungsführers, des Armenboten u. s. w.
2. Geschäftskosten . . . .
                                    Sa.   . . . .

                Mk. Mk.
  III. Verwaltung des eigenen Vermögens:
1. Des Grundvermögens: Mk.
  a) gewöhnliche . . . .
  b) außerordentliche . . . . . .
          Sa.
2. des Kapitalvermögens — belegte Kapitalien —
3. der Schulden: Mk.
  a) Zinsen . . . .
  b) abgetragene Schulden . . .
        Sa.
4. des beweglichen Vermögens . . . .
            Sa.
IV. Vertragsmäßige Leistungen an andere Gemeinden.
    V. Armenunterstützungen:
1. Ausdingungsgelder . . . .
2. Monatsgelder . . . .
3. Nahrungsmittel . . . .
4. Kleidung . . . .
5. Feuerung . . . .
6. Heuergelder
7. Krankenpflege, Arznei, Honorar des Arztes u. s. w.
8. Unterricht (Schulgeld, Schreibmaterialien, Schul=
  bücher). . . . .
9. sonstige Unterstützungen . . . .
          Sa.
     VI. Vorschüsse:
1. für generelle Fonds und andere Gemeinden .
2. an einzelne Gemeindebürger — auf Zeit —.
           Sa.
VII. Für rohe Materialien (Flachs, Wolle u. s. w.) und Arbeitslohn für Arbeiten der Armen . .
  VIII. Rückständig gebliebene Einnahmen:
1. zum Abzug gebrachte Rückstände . . . . . .
2. genehmigte Rückstände . . . .
          Sa.
    IX. Sonstige Ausgaben . . .
        Gesamtausgaben

C. Vergleichung.

Die Gesamteinnahme beträgt . . . .
Die Gesamtausgabe beträgt . . . .
Es entsteht demnach Kassenbehalt . . . . . .
Vorschuß des Rechnungsführers . . . .

D. Nicht in Rechnung gebrachter veranschlagter jährlicher Mietwert der Armenhäuser . . . . . Mk. . . . .

Anlage 3.   **Herzogtum Braunschweig.**

Jahr ....   Kreis ......   Gemeinde ....

Armenkasse.

Kap.	Einnahme	Mk.	Pf.	Kap.	Ausgabe	Mk.	Pf.
I	Bestand aus der Vorrechnung	....	..	I	Vorschuß aus der Vorrechnung	....	..
II	Erstattungen aus der Vorrechnung	....	..	II	Vergütungen aus der Vorrechnung	....	..
III	Rückstände aus den Vorjahren	....	..	III	Öffentliche Abgaben und Brandkassengelder von den Grundstücken . .	....	..
IV	Von Grundstücken und Berechtigungen:			IV	Verwendungen auf das Grundeigentum:		
	a) Von Gebäuden . .	....	..		a) Für Gebäude . . .	....	..
	b) Von sonstigen Grundstücken	....	..		b) Für sonstige Grundstücke	....	..
	c) Von Berechtigungen	....	..	V	Für die Armenkassenschuld:		
V	Zinsen und Kapitalien .	....	..		a) Zinsen	....	..
VI	Abgabe von Tanzmusiken	....	..		b) Ordentliche Abträge.	....	..
VII	Sonstige Abgaben (Hundesteuer u. s. w.) . . .	....	..		c) Außerordentliche Abträge und zurückgezahlte Kapitale	....	..
VIII	Angeliehene Kapitale . .	....	..	VI	Barunterstützung an Ortsarme:		
IX	Rückzahlungen auf ausgeliehene Kapitale . .	....	..		a) Laufende	....	..
X	Für Gesindedienstbücher.	....	..		b) Einmalige	....	..
XI	Vermächtnisse und Geschenke	....	..	VII	Naturalunterstützung an Ortsarme:		
XII	Zurückerstattete Kur- und Verpflegungskosten:				a) Laufende	....	..
	a) Vom Kreise	....	..		b) Einmalige	....	..
	b) Von Armenverbänden	....	..	VIII	Für Unterbringung in Anstalten, und zwar:		
	c) Von Privaten . . .	....	..		a) In Krankenhäusern .	....	..
XIII	Zuschuß aus der Gemeindekasse	....	..		b) In Irrenanstalten .	....	..
XIV	Sonstige Einnahmen . .	....	..		c) In Idiotenanstalten .	....	..
	Summe aller Einnahmen	....	..		d) In Blinden- und Taubstummenanstalten	....	..
					e) In der Herzoglichen Erziehungsanstalt Wilhelmstift in Bevern	....	..
				IX	Arzt- und Apothekerkosten	....	..
				X	Begräbniskosten . . .	....	..
				XI	Waisenunterstützungen .	....	..

Kap.	Einnahme	Mk.	Pf.	Kap.	Ausgabe	Mk.	Pf.
				XII	Schulgeld für Kinder unbemittelter Eltern . .	....	..
				XIII	Unterstützungen an Reisende (Zehr- und Reisegeld).	....	..
				XIV	Vorschußweise Unterstützung Armer ohne Unterstützungswohnsitz in der Gemeinde . .	....	..
				XV	Ausgeliehene Kapitale und angekaufte Wertpapiere, einschließlich Stückzinsen auf Wertpapiere	....	..
				XVI	Sonstige Ausgaben . .	....	..
					Summe aller Ausgaben	....	.
					Abschluß.		
					Die gesamte Einnahme beträgt.	....	..
					die Ausgaben dagegen .	....	..
					mithin ist		
					Kassenvorrat . . . } Kassenvorschuß . . }	....	..

II.
Die armenärztliche Thätigkeit.

Von

Dr. Julius Stern,
praktischem Arzt und städtischem Armenarzt in Berlin.

Vorbemerkung.

Die Erörterung der „armenärztlichen Thätigkeit" in der Versammlung des Deutschen Vereins für Armenpflege und Wohlthätigkeit entspricht einem von mir und in armenärztlichen Kreisen längst gehegten Wunsche. Zur Vorbereitung der Verhandlungen habe ich in Gemeinschaft mit dem Korreferenten Herrn Stadtrat Dr. Münsterberg einen, die armenärztliche Thätigkeit nach verschiedenen Richtungen hin erörternden Fragebogen aufgestellt, der an 114 Stadtverwaltungen, und zwar:

41 Armenbehörden von Städten über 60000 Einwohnern und an
73 Armenbehörden von Städten unter 60000 Einwohnern
versandt wurde.

Von ersteren haben 38, von letzteren 56 Verwaltungen, zum Teil in sehr ausführlicher Form und unter Beifügung reichlich erläuternden Materials geantwortet, und zwar:

ad 1, Königsberg, Danzig, Stettin, Posen, Breslau, Görlitz, Magdeburg, Erfurt, Altona, Kiel, Hannover, Dortmund, Kassel, Frankfurt a. M., Wiesbaden, Barmen, Düsseldorf, Duisburg, Elberfeld, Essen, Krefeld, Köln, München, Nürnberg, Augsburg, Dresden, Leipzig, Chemnitz, Stuttgart, Karlsruhe, Mannheim, Darmstadt, Mainz, Braunschweig, Hamburg, Lübeck, Bremen, Straßburg.

ad 2, Memel, Tilsit, Elbing, Potsdam, Brandenburg, Frankfurt a. O., Kottbus, Köslin, Stralsund, Kolberg, Bromberg, Gnesen, Schweidnitz, Glogau, Liegnitz, Beuthen O.-Schl., Königshütte, Kattowitz, Gleiwitz, Ratibor, Merseburg, Hildesheim, Osnabrück, Münster, Bielefeld, Bochum, Iserlohn, Fulda, Hanau, Koblenz, Remscheid, Trier, Rheydt, Regensburg, Bautzen, Zittau, Zwickau, Pforzheim, Offenbach, Worms, Wismar,

Apolda, Weimar, Oldenburg, Meiningen, Altenburg, Koburg, Gotha, Köthen, Dessau, Rudolstadt, Greiz, Gera, Sondershausen, Kolmar i. E., Metz.

Ihnen allen für die gewährte Unterstützung an dieser Stelle herzlichen Dank auszusprechen, ist den Berichterstattern angenehme Pflicht.

I. Allgemeiner Teil.

Bei einer Durchmusterung der bisherigen Schriften unseres Vereins fand ich, daß die armenärztliche Thätigkeit nur ganz gelegentlich gestreift worden ist. Um so mehr hoffte ich, daß eine Bearbeitung dieses Stoffes mancherlei erwünschte Anregungen für den Verein ergeben würde, mit dessen Bestrebungen er, als ein Teil der Armenpflege, einen unverkennbaren Zusammenhang hat.

Böhmert hat in seinem Sammelwerk: „Das Armenwesen in 77 deutschen Städten und einigen Landarmenverbänden", Dresden 1886, nur bei dem Bericht über die offene Armenpflege der Stadt Berlin der Thätigkeit der Armenärzte kurz gedacht und ihre Zahl und ihr Gehalt nach dem letzten amtlichen Bericht angegeben. Aus dem übrigen, in Böhmerts Werk bearbeiteten Städten ist auch nicht eine kurze Mitteilung hierüber enthalten.

In seinem Bericht auf der Magdeburger Jahresversammlung des Deutschen Vereins für Armenpflege und Wohlthätigkeit im Jahre 1887 — „Die Organisation der offenen Krankenpflege" (Heft 4 der Schriften und Heft 5 Verhandlungen des Vereins) — hat Ludwig-Wolf hervorgehoben, daß eine gesonderte Darstellung und Besprechung der offenen Armenpflege angezeigt sei, daß sie bisher nur bei der Erörterung über die ländliche Armenpflege und bei Verhandlungen über Kinderfürsorge berührt worden sei.

Wir empfangen aus seinem Bericht einen Überblick über die Anstellung und Wirksamkeit der Armenärzte in zahlreichen deutschen Städten und Ortsverbänden, über die Mängel und Wünsche in Bezug auf die offene Armenpflege auf dem Lande, Wünsche, die zum Teil leider bis zum heutigen Tage unerfüllt geblieben sind. Ich darf aus diesem Bericht hervorheben, daß in der Provinz Posen die offene Armenpflege auf dem Lande „auch nur des Scheines einer Organisation entbehre. Da Ärzte sich auf dem Lande nie niederlassen — die Praxis würde nie eine auskömmliche sein — so ist es naheliegend, daß ärztliche Besuche viel Geld kosten und Ortsvorstände sich schwer dazu bereit finden lassen. Weitverzweigter Aberglaube und ein gewisser religiöser Fatalismus halten das Vertrauen auf ärztliche Hilfe zurück"[1].

Aus Schlesien wurde berichtet, daß fest remunerierte Armenärzte auf dem platten Lande und in wenigen größeren ländlichen Gemeinden,

---

[1] a. a. O. S. 84 ff.

sowie in wenigen Ortschaften des oberschlesischen Industriebezirks angestellt sind, — in Sachsen nur in ganz wenigen ländlichen Ortschaften, — aus Westfalen, daß zur Zeit zahlreiche Anstalten zur Heilung und Verpflegung erwerbsunfähiger und erkrankter Personen existierten, die teils durch Liebesgaben, teils von Zuschüssen der Gemeinden erhalten werden, daß ferner in Städten wie Dortmund und Siegen die offene Krankenpflege lediglich der freiwilligen Thätigkeit anheim gestellt sei, — aus der Rheinprovinz, daß die Landgemeinden nur mangelhaft ihre Pflicht erfüllten, — aus dem Regierungsbezirk Kassel und aus Schleswig-Holstein, daß einzelne Landgemeinden festbesoldete Armenärzte hätten, — aus Hannover mit besonderer rühmlicher Anerkennung, daß der Kreis Ülzen 6 Kreisarmenärzte angestellt habe.

Es wurde ferner berichtet, daß in dem Großherzogtum Hessen die ärztliche Behandlung auf dem Lande mangelhaft sei. Vielfach werde geklagt, „daß wegen der gestiegenen Anforderungen der Ärzte arme Kranke die Zuziehung der Ärzte unterlassen oder hinausschieben"[1], — daß im Herzogtum Anhalt eine offene Armenpflege nur in den Städten Dessau, Köthen, Zerbst, Bernburg und Ballenstedt entwickelt sei, — daß in der Stadt Altenburg keine kommunale Armenpflege sich gebildet habe, — daß in Schwarzburg-Sondershausen nur in den Städten, in Waldeck nur ganz vereinzelt von den Ortsarmenverbänden remunerierte Armenärzte angestellt sind — daß in Koburg-Gotha die Physiker und Amtswundärzte zur unentgeltlichen Behandlung der armen Kranken verpflichtet seien, und daß diese Fürsorge sich bis jetzt auf dem Lande als ausreichend erwiesen habe, — daß in gleicher Weise in Elsaß-Lothringen die armenärztliche Thätigkeit zu den Funktionen der Kantonalärzte gehöre, deren Leistungen je nach der Ausdehnung des Bezirks verschieden sein müßten.

Besonders hervorgehoben wurde aus dem Königreich Sachsen die Unterstützung, die der Staat als Beihilfe an Ärzte gewährte, die sich auf dem Lande niederlassen, in gleicher Weise, wie im Großherzogtum Baden neben der gesetzlichen Verpflichtung der Staat und größere Armenverbände Beiträge bewilligen; — in Württemberg und Bayern seien die Bezirks- und Oberamtsärzte gegen Ersatz der Reisekosten zur unentgeltlichen Behandlung der armen Kranken verpflichtet, daneben würden namhafte Zuschüsse, besonders aus Kreisfonds aufgewandt, um die Niederlassung von Ärzten in ärmeren Gemeinden zu erleichtern und zu fördern.

Im Anschluß an die Berichterstattung Ludwig-Wolfs wurde in der angeregten und lebhaften Diskussion der Magdeburger Versammlung darauf hingewiesen, daß durchaus nicht überall in deutschen Landen das unumgänglich Notwendige für unsere Armenkranken geschehe, daß es nicht wahr sei, wenn etwa gesagt werde, es stehe überall wenigstens ärztliche Hilfe bereit, — es wurde betont die Schwierigkeit der ärztlichen Fürsorge insbesondere auf dem Lande, wo eine kräftigere und gründ-

---

[1] a. a. O. S. 107.

lichere Regelung der Armenpflege, sei es unter Mitwirkung der Gesetzgebung, sei es im Verwaltungswege anzustreben sei. Eine Besserung in dieser Richtung wurde von der neuen Organisation der Arbeiterversicherung in den Krankenkassen erhofft.

In der darauf folgenden Schlußabstimmung wurden 5 Thesen angenommen, von denen für unsere jetzige Erörterung die erste und dritte in Betracht kommen:

„1. Die offene Krankenpflege an Unbemittelten bildet ihrer inneren Natur nach einen Teil der offenen Armenpflege."

„3. Die gesetzliche offene Krankenpflege erfordert mindestens die Bewilligung freier ärztlicher Hilfe und der Arznei, welche jedem Unterstützungsbedürftigen leicht zugänglich gemacht werden sollte"....

Aus den warmherzigen und belehrenden Berichten der Herren Dr. Hauser und Düttmann über „die Kranken- und Hauspflege auf dem Lande", erstattet auf der vorjährigen Versammlung unseres Vereins zu Breslau, ersehen wir, daß fast wichtiger, als Arzt und Arznei für das Land die Beschaffung richtiger, zielbewußter Pfleger sei. Die Beschaffung ärztlicher Hilfe sei nicht bloß erschwert durch die fehlenden Mittel, sondern durch die weiten Entfernungen, die ungenügende und verspätete Erfüllung der Gemeindeverpflichtung, den Unfallverletzten freie ärztliche Behandlung und Medizin zu gewähren, die Bevorzugung von Kurpfuschern, Ziehmännern und Schäfern, die Indolenz der Landbevölkerung, die ein Heilverfahren, wenn überhaupt, meist viel zu spät einleiten läßt.

Nur vereinzelt (Hessen, Baden) wird aus den Mitteilungen der Versicherungsanstalten hervorgehoben, daß ärztlicher Rat hinreichend zur Verfügung stehe und daß er auch auf dem Lande Beachtung finde. —

Dieser kurze Rückblick auf die bisherigen Ermittelungen und Verhandlungen wird es erklärlich erscheinen lassen, daß der Berichterstatter über „die armenärztliche Thätigkeit" nicht auch die ländlichen Verhältnisse von neuem zum Gegenstand einer Untersuchung gemacht hat. Es kann — so scheint es ihm — nicht ausbleiben, daß das Bedürfnis nach Verbesserung und Ausbreitung dieser natürlichsten humanitären Bestrebungen in immer weiteren Kreisen an Einsicht gewinnen und zu Erfolgen führen wird, wie sie die deutschen Städte zu ihren edelsten Ruhmesthaten in den letzten Jahrzehnten zählen dürfen. Naturgemäß können diese Kulturfortschritte nur langsam vor sich gehen, indes — die tiefere und vollkommenere Ausbildung der socialpolitischen Gesetze, das vordringende Verständnis für deren wohlthätige Wirksamkeit werden auch hier Wandel schaffen, das Beispiel der städtischen Organisationen wird befruchtend und belebend wirken, die immer mehr an Boden gewinnenden Vereinsbestrebungen zur Förderung und Verbesserung der Volkswohlfahrt werden unter Anpassung an die örtlichen Verhältnisse unterstützend und helfend eingreifen.

Die Verpflichtung der Gemeinden, im Bedürfnisfalle die ärztliche Fürsorge für ihre Armen zu übernehmen, hat schon das preußische allgemeine Landrecht festgestellt. Das Gesetz, betreffend die Ausführung des norddeutschen Bundesgesetzes über den Unterstützungswohnsitz vom 8. März 1871 verfügt in § 1:

„**Jedem hilfsbedürftigen Deutschen ist von dem zu seiner Unterstützung verpflichteten Armenverband...., die erforderliche Pflege in Krankheitsfällen u. s. w..... zu gewähren.**"

Mit dem Jahre 1873 gewann dieses Gesetz auch für Baden und Württemberg Geltung. Außerdem besteht in Deutschland in dieser Richtung noch eine gesonderte bayrische und eine gesonderte elsaß-lothringische Gesetzgebung. Die erstere verpflichtet unter Festhaltung am Heimatsrecht die Distriktsgemeinden und darüber hinaus nötigenfalls die Kreis-(Bezirks-)Verwaltungen zur Unterstützung der mit Armenlasten etwa überhäuften Gemeinden. Die reichsländische Gesetzgebung kennt weder Unterstützungswohnsitz, noch Heimatsrecht, sie überläßt grundsätzlich die Versorgung der Hilfsbedürftigen der privaten Wohlthätigkeit. Im übrigen wird in der offenen Armenpflege armen Kranken freie ärztliche Behandlung und Arznei gewährt, wofür die Kosten zum Teil aus freiwilligen Beiträgen der Gemeinden, zum Teil aus Zuschüssen des Staats bestritten werden.

Die in weiterer Folge in Deutschland zur Geltung gekommenen socialen Gesetze (Krankenkassen, Unfall-, Alters- und Invaliditätsversicherung) haben durch Bereitstellung rechtzeitiger ärztlicher Hilfe vorbeugend gewirkt, sie haben die Armenfürsorge zum Teil durch Versicherung ersetzt und eine Verminderung der Armenkranken mittleren Lebensalters herbeigeführt. Freilich ist auch andererseits der armenärztlichen Thätigkeit ein Zuwachs geworden durch Übernahme der chronischen, meistens dauernd erwerbsunfähigen Kranken, bei denen die Verpflichtung der Krankenkassen aufgehört hat und es bleibt auch hier zutreffend, was Brinkmann auf der Jahresversammlung unseres Vereins 1897 in Kiel, anschließend an seinen Bericht[1], ausgeführt hat:

„daß die Armenpflege im allgemeinen von den Wirkungen der socialen Gesetzgebung nicht bloß **entlastet**, sondern auch stellenweise **belastet wird**." —

Neben der Verpflichtung, die Armenkranken mit stets bereiter, ausreichender ärztlicher Hilfe zu versorgen, hat sich — besonders in den größeren Städten — immer mehr die Einsicht Bahn gebrochen, ein wie wichtiges und bedeutungsvolles Glied der Armenpflege in dem Armenarzt zu suchen ist. In der Erkenntnis, daß es ein Bedürfnis ist, nicht nur einen Berater der Armenkranken innerhalb und außerhalb ihrer Wohnungen zu haben, sondern auch einen sachverständigen Beistand für

---

[1] Brinkmann, Die Armenpflege in ihren Beziehungen zu den Leistungen der Socialgesetzgebung (Schriften des Deutschen Vereins für Armenpflege und Wohlthätigkeit, Heft 29).

die vielseitigen Erwägungen der Unterstützungsbedingungen, der Erwerbsfähigkeit, der Unterbringung in Versorgungs- und Krankenanstalten u. s. w. haben die Armenverwaltungen danach gestrebt, die Befugnisse der Armenärzte zu erleichtern und zu erweitern, sowie ihre Verbindung und Verständigung mit den engeren und weiteren Zweigen der Verwaltung zu einer innigeren und nutzbringenderen zu gestalten. Die Armenärzte andererseits haben die Überzeugung gewinnen müssen, daß sie, um ihre Erfahrungen dem Einzelnen und dem öffentlichen Wohl nutzbar zu machen — wie Roth es in der Einleitung zu seiner bekannten Schrift: „Armenfürsorge und Armenkrankenpflege"[1] richtig bezeichnet — „der Kommunal- und Socialhygiene in allen Gemeindeeinrichtungen fortdauernd ihre Aufmerksamkeit zuwenden, daß sie „reges und andauerndes Interesse für die Forderungen der Gesundheitspflege" haben müssen, da „auf socialem Gebiete auch nur derjenige Erfolge zeitigen wird, der dem Einzelnen nicht bloß mit den Almosen, sondern vor allem auch persönlich und menschlich näher tritt".

Wie sich nun heutigen Tages die armenärztliche Thätigkeit in ihren verschiedenen Beziehungen zu den Verwaltungsbehörden und zu den Kranken gestaltet hat, das soll an der Hand der Auskünfte der Eingangs genannten deutschen Städte hier dargelegt werden. Daran soll der Versuch geknüpft werden, Einrichtungen, die sich örtlich bewährt haben, hervorzuheben und sie weiteren Kreisen zu empfehlen, Fragen, die im Vordergrund des allgemeinen Interesses stehen, näherer Besprechung zugänglicher zu machen.

Der Fragebogen, dessen Anordnung ich mich im weiteren anschließe, lautete folgendermaßen:

Fragebogen,
betreffend die armenärztliche Thätigkeit.

1. Anstellende Behörde
   Magistrat — Armenverwaltung.
   Dienstaufsicht — Beschwerdewesen — Ärztlicher Ausschuß.
   Dienstanweisungen.
   Armenärztliche Vereinigung.

2. Formen der Anstellung
   A. **Beamtete Ärzte?**
      Voller Beruf?
      Nebenamtliche Thätigkeit?
   Bezeichnung der beamteten und Privatärzte:
      Armen-, Kommunal-, Distrikts-, Kantonal-, Stadtarzt.
   Besoldung:
      Festes Gehalt? steigerungsfähig?
      Pauschquantum?
      Vergütung von Fall zu Fall? ⎫
      Vergütung in besonders schwierigen Fällen ⎬ Höhe der Besoldung.
      (Operationen, Entbindungen u. s. w.) ⎭
      Ist Gehalt **pensionsfähig**?

---
[1] Berlin 1893.

Auswahl der Persönlichkeiten:
Öffentliche Ausschreibung? wissenschaftliche Voraussetzungen? wie lange nach Approbation? Bevorzugung jüngerer Ärzte? Ansässigkeit im Bezirk?

Dauer des Amts?
Lebenslänglich? — mehrere Jahre? — Wiederwahl zulässig? Wechsel vorgeschrieben? — Ausscheiden nach bestimmtem Turnus?

Stellung zur Armenverwaltung;
Mitglied der Armenverwaltung? — der örtlichen Bezirke? — mit beschließender? mit beratender Stimme? — Verpflichtung zur Teilnahme an den Sitzungen?

B. **Nicht beamtete** Ärzte:
Freie Arztwahl? — beschränkt freie Arztwahl? —
nach der Kopfzahl der Bezirks-Bevölkerung oder der Kranken?
nach der Zahl der behandelten Fälle — der Besuche — der Beratungen im Hause des Arztes.

C. **Special**ärzte?
Direkte Zuweisung? — Zuweisung durch die Armenärzte? — Befugnis zu selbständiger Verordnung — Vergütung?

3. **Örtlicher Umfang der Thätigkeit:**
Ganze Stadt — bestimmte Bezirke — Größe des Bezirks: nach Stadtteilen,
nach Seelenzahl, nach erfahrungsmäßiger Krankenzahl,
— ein oder mehrere Armenbezirke —
— Entfernung der Grenze des Bezirks von der Wohnung,
— jährliche Krankenzahl?

4. **Thätigkeit erstreckt sich auf**
a) Behandlung der Kranken, — der Frauen und Kinder von Landwehrmännern.
b) Untersuchung auf den Grad der Erwerbsfähigkeit.
c) Ausstellung von Zeugnissen über Impfungen, Schulversäumnisse, Unfälle, Invalidität, Transportfähigkeit, — Zuweisung an Krankenhäuser, Todesbescheinigungen.
d) Neben offener Armenpflege auch geschlossene Pflege und Waisenpflege?
e) Untersuchung auf Grund polizeilicher Requisition.

Behandlung:
a) Konsultationen im Hause des Arztes
b) Besuche in der Wohnung des Kranken
c) Verordnungen; Arzeneien, — mechanische Heilmittel (Bruchbänder, Spritzen, Bandagen, Stützapparate ꝛc.) — Bäder — diätetische Heilmittel — Mitwirkung der Armenverwaltung oder direkte Anweisung?
Formulae magistrales? Behandlung bringlicher Fälle.

Führung von Journalen:
Krankenstatistik, epidemische Meldekarten; — Monats-, Vierteljahrs-, Jahresberichte? — nach besonderem Schema? an Verwaltung oder an den Physikus?

5. Ist mit dem Amte des Armenarztes die Thätigkeit als **Impfarzt** und — oder — als **Schularzt** verbunden?

6. Wird die Thätigkeit von Ärzten vergütet, die mit der Armenverwaltung in keiner Verbindung stehen — aber in einzelnen Fällen Bedürftige behandelt haben?
Unter welchen Voraussetzungen? —
Maßstab der Vergütung.

Zusendung gebräuchlicher Dienstanweisungen, Formulare, Krankenjournale, Zählkarten, Jahresberichte ꝛc. **sehr erwünscht!**

II. Besonderer Teil.

1. Anstellende Behörde; Dienstaufsicht; Dienstanweisungen; ärztlicher Ausschuß; armenärztliche Vereinigung.

Die Anstellung der Armenärzte erfolgt entweder durch die (verschiedentlich benannte) Armenverwaltung selbst, wie insbesondere in Berlin, oder — wie es meistens der Fall ist — auf deren Vorschlag durch den Magistrat oder Stadtrat, seltener durch die Stadtverordnetenversammlung, den Gemeinderat. In Colmar i. E. wählt der Bürgermeister auf Vorschlag des Armenrats — in Brandenburg der Magistrat auf Vorschlag des Ärztevereins — in Stuttgart eine Kommission aus je 6 Mitgliedern der städtischen Armendeputation und der Lokalwohlthätigkeitsvereine.

Die Dienstaufsicht und das Beschwerdewesen unterliegt der Zuständigkeit der Armenverwaltung, in deren Mitte zuweilen ein ärztlicher Beirat besteht. In Berlin beruft der Vorsitzende der Armendirektion deren ärztliche Mitglieder zu zwanglosen Beratungen, bei denen die Angelegenheiten der Armenärzte die erste Stelle einnehmen; die eigentliche Dienstaufsicht steht dem Vorsitzenden der Armendirektion zu. In ähnlicher Weise hat in Hamburg das mit der Verwaltung der armenärztlichen Angelegenheiten betraute Mitglied des Armenkollegiums sich in dem Ausschuß der Armenärzte einen sachkundigen Beirat geschaffen, dem jedoch ein eigentlich beschließendes Votum nicht zusteht.

In Braunschweig steht über den Armenärzten ein Oberarmenarzt, in Frankfurt a. M. ein Stadtarzt, der keine Privatpraxis treiben darf und als technischer Beirat für die gesamte Gesundheitspflege gilt. Auch Stuttgart hat einen Stadtarzt, Görlitz einen „Kommunal"-Arzt.

Dienstanweisungen für die Armenärzte sind in den meisten Städten vorhanden, oft sind sie in den allgemeinen Armenordnungen enthalten, zuweilen treten an ihre Stelle Verträge. Nur bei 17 der eingegangenen Berichte wird das Vorhandensein von Dienstanweisungen verneint. Die Dienstanweisungen regeln außer der Dauer des Dienstverhältnisses den Umfang der Dienstpflichten der Armenärzte im Ver=

hältnis zur Aufsichtsbehörde auf der einen, zu den Armenkommissionen und Hilfesuchenden selbst auf der andern Seite, sie treffen Bestimmungen über die Zeit, während deren der Armenarzt zur Verfügung der Kranken stehen muß, über Stellvertretung im Behinderungsfalle (Krankheit, Reisen), über die Entscheidung bei der Auswahl der in jedem einzelnen Falle anzuwendenden Heilmittel, über auszustellende Atteste und Gutachten, über Führung von Krankenjournalen, Einreichung von periodischen oder statistischen Berichten, über die Zuweisung der Kranken an Specialärzte, Heilgehilfen und Krankenanstalten, über Leichenbesichtigungen, über das Verhalten bei epidemischen und kontagiösen Krankheiten, über allgemeine hygienische Beobachtungen.

Trotzdem sie inhaltlich im ganzen den gleichen Kern umfassen, mag es zweckmäßig erscheinen, aus einzelnen der vorliegenden Dienstanweisungen besonders prägnante Bestimmungen hier wörtlich anzuführen:

„Jeder Armenarzt ist verpflichtet, den Armenkranken und Waisenpflegungen, welche ihm von den Armenkommissionen, bezw. den Gemeindewaisenräten seines Medizinalbezirks überwiesen werden, unentgeltlich ärztliche Hilfe zu leisten:

a) in seiner Wohnung täglich zu einer von ihm bestimmten und von der Armendirektion genehmigten Sprechstunde denjenigen Kranken, welche ihre Wohnung verlassen können,

b) in der Wohnung der Patienten, so oft es die Natur der Krankheit erfordert.

Auch liegt dem Armenarzt die Verpflichtung ob, auf Verfügung der Armendirektion oder auf Ansuchen der Polizei innerhalb oder außerhalb seines Medizinalbezirks verunglückten oder erkrankten Personen, auch wenn solche bisher von den Armenkommissionen nicht unterstützt worden sind, in dringenden Fällen unentgeltliche erste ärztliche Hilfe zu leisten und die von der Polizei in diesen Fällen geforderte Bescheinigung unentgeltlich auszustellen.

Ergiebt sich nachher Zahlungsfähigkeit des Verunglückten oder Erkrankten bezw. der Angehörigen, so kann der Arzt für seine Mühewaltung Zahlung fordern." [§ 2 der Dienstanweisung für die Armenärzte Berlins.]

„Die Anmeldungen der Armenkranken beim Armenarzt sollen in der Regel während der Sprechstunden geschehen, jedoch ist der Armenarzt verpflichtet, Personen, welche vor oder nach der Sprechstunde mit dem vorschriftsmäßigen Krankenscheine sich melden, in dringenden Fällen anzunehmen." [ibid. § 4.]

Ähnlich sagt § 7 der Breslauer Dienstanweisung:

„Jeder Bezirksarmenarzt ist verpflichtet, die Kranken seines Bezirks selbst und ohne Hilfe eines Assistenten zu behandeln, auch die Besuche, so oft und so lange es die Natur der Krankheit erheischt, fortzusetzen.

Außerdem wird jeder Bezirksarmenarzt täglich bestimmte Stunden festsetzen, in welchen er denjenigen Kranken des Bezirks, welche ohne Nachteil ihre Wohnungen verlassen können, seinen Rat zu erteilen hat. Die Stunden, so wie jede gewünschte Abänderung derselben, sind der Armendirektion zu weiterer Bekanntmachung anzuzeigen.

In dringenden Fällen wird der Bezirksarmenarzt auch außerhalb jener Sprechstunden Anmeldungen von armen Kranken annehmen." —

"Der Armenarzt ist nicht befugt, wegen zweifelhaft scheinender Bedürftigkeit einen ihm von der Armenkommission mit Krankenschein überwiesenen Patienten zurückzuweisen und die Armenkommission ist nicht berechtigt, die Verordnungen des Armenarztes zu beanstanden. Wenn jedoch der Armenarzt Zweifel über die Bedürftigkeit eines ihm von der Armenkommission überwiesenen Kranken hat, oder wenn andererseits der Armenkommission Bedenken in betreff der vom Armenarzt angeordneten Pflegemittel aufstoßen, so ist darüber zum Zweck der Prüfung und Aufklärung des Falles gegenseitig Mitteilung zu machen und möglichst durch mündliche Rücksprache eine Verständigung zwischen Vorsteher und Arzt herbeizuführen.

Sollte der seltene Fall eintreten, daß eine Einigung der Meinungsverschiedenheit nicht zu erzielen ist, so ist darüber an die Armendirektion sofort Bericht zu erstatten. Durch solche Beschwerde darf indessen weder die Ausführung der ärztlichen Anordnungen, noch die armenärztliche Behandlung des Kranken aufgehalten werden." [Aus § 6 der Berliner Dienstanweisung.]

Dem letzten Absatz sich anschließend sei aus der Dienstanweisung von Zwickau erwähnt:

"Glaubt der Armenarzt aus von ihm gemachten Wahrnehmungen auf Nichtbedürftigkeit des Kranken schließen zu dürfen, so ist er verpflichtet, der Armenbehörde Anzeige zu machen, ohne jedoch deswegen vor Eingang einer Entscheidung dieser letzteren die übernommene ärztliche Behandlung zu unterbrechen." —

"Wird die Vertretung eines Armenarztes, für welche er in jedem Falle selbst sorgen muß, bei Krankheit oder sonstiger Behinderung notwendig, so hat derselbe bei der Armendirektion schriftlich Urlaub und Genehmigung der Vertretungsart wenigstens eine Woche zuvor, abgesehen von plötzlich eingetretenen Fällen, nachzusuchen.

In besonders bringlichen Fällen oder wenn die Vertretung des Armenarztes nur auf fünf Tage erforderlich ist, kann der Armenarzt sich durch einen in seinem Medizinalbezirk oder in dessen Nähe wohnhaften Arzt und möglichst durch den Armenarzt eines Nachbarbezirks vertreten lassen; er hat jedoch der Armendirektion und den Armenkommissionen seines Medizinalbezirks sofort von der Vertretung Anzeige zu machen.

Jeder Armenarzt ist verpflichtet, auf 14 Tage einen benachbarten Armenarzt unentgeltlich zu vertreten." [§ 17 der Berliner Dienstanweisung.]

Dagegen sagt die Frankfurter Dienstanweisung:

"Notwendig werdende Vertretung ist beim Stadtarzt anzumelden, der sie mit thunlichster Einhaltung eines Turnus anordnen wird. Diese Vertretung ist die ersten 4 Wochen ohne Anspruch auf Vergütung, darüber hinaus gegen eine vom Armenamt festzusetzende Honorierung zu übernehmen."

Über Teilnahme an Verwaltungsberatungen:

„Dem Armenarzt steht es frei, an den monatlichen Konferenzen der seinen Medizinalbezirk bildenden Armenkommissionen Teil zu nehmen, weshalb er auch von jeder Konferenz in Kenntnis gesetzt wird. Jedoch ist der Armenarzt verpflichtet, in der Konferenz der Armenkommission zu erscheinen, wenn in der Einladung zu derselben von der Armenkommission ausdrücklich bemerkt ist, daß seine Anwesenheit bei Besprechung über die in betreff kranker Armen zu fassenden Beschlüsse bezw. über Gegenstände der Gesundheitspflege notwendig sei." [§ 19 der Berliner Dienstanweisung.]

Und über denselben Gegenstand:

„Innerhalb der Distriktsversammlung steht dem Armenarzt gleiches Recht wie allen Mitgliedern zu und er ist namentlich befugt, selbständig Anträge auf Gewährung der in der Instruktion für Armenvorsteher und Armenpfleger vorgesehenen Unterstützungen zu stellen." [Art. 2 der Instruktion für die Armenärzte in Frankfurt a. M.]

Über allgemein sanitäre Verhältnisse:

„Der Armenarzt hat die städtische Armenverwaltung unverzüglich über epidemische und kontagiöse Krankheiten in Kenntnis zu setzen, um danach in sanitätspolizeilicher Hinsicht geeignete Vorkehrungen treffen zu können, ebenso diejenigen, die durch eigene Schuld ihre Genesung mutwillig verzögern oder verhindern, sowie solche, welche durch Trunksucht wiederholt erkranken, dem Armenpfleger oder Bezirksvorsteher namhaft zu machen." [Nach § 3 der Barmer, § 5 der Elberfelder Dienstanweisung.]

„Es wird erwartet, daß der Armenarzt da, wo er in Beschaffenheit der Wohnungen, dem Haushalt oder in anderen Verhältnissen der Armen etwas der Gesundheit Nachteiliges wahrnimmt, die Armenverwaltung darauf aufmerksam macht." [Nach § 6 der Barmer, § 7 der Elberfelder Dienstanweisung.]

„Wenn bei Behandlung von Pflegekindern, welche von der städtischen Armenverwaltung untergebracht sind, die Ernährung als unzulänglich, ungeeignet oder schlecht befunden wird, ist dies der Verwaltung unverzüglich zu berichten." [§ 8 der Danziger Dienstanweisung.]

Häufig wiederkehrend findet sich eine Sparsamkeitsanordnung, so:

„Bei seinen Verordnungen hat der Armenarzt, soweit dies irgend mit den zu erstrebenden Heilzwecken vereinbar ist, auf möglichste Wohlfeilheit der bezüglichen Arzneien hinzuwirken[1]." [Art. 8 der Frankfurter Dienstanweisung.] — — —

Armenärztliche Vereinigungen haben sich auffallender Weise nur äußerst selten gebildet. In Elberfeld haben nach § 11 der Dienstanweisung die Armenärzte unter sich einen Vorstand zu wählen und den Gewählten der Armenverwaltung anzuzeigen. Der Vorsitzende beruft von Zeit zu Zeit die Kollegen.

---

[1] So klar und richtig diese Anordnung ist, sollte doch eine Bemerkung, wie: „Die Verordnung ist in möglichst wenig kostspieliger Weise auszuführen" — auf Rezeptblättern nicht enthalten sein.

In Dortmund finden in der Regel vierteljährliche Versammlungen der Armenärzte statt, gemeinschaftliche Konferenzen werden nötigenfalls von der Armenverwaltung berufen. — In Bremen wählen die Armenärzte aus ihrer Mitte alljährlich eine dreigliedrige Kommission und einen Rechnungsführer (beschränkte freie Arztwahl). — Von Dresden sagt § 22 der Dienstanweisung: „Behufs Erörterung von Angelegenheiten der Armenkrankenpflege werden die Armenärzte von Zeit zu Zeit unter Leitung des Vorstandes vom Armenamt zu gemeinschaftlichen Versammlungen zusammentreten." Freilich bemerkt dazu der erläuternde Bericht, daß dieser Fall noch nie stattgefunden habe. Nach Bedürfnis — aber sehr selten — werden die Armenärzte in Breslau zu Versammlungen berufen; — in Görlitz beruft der „Kommunalarzt" nach Gutdünken die 5 Armenärzte zu einer Beratung; — in Posen treten mindestens einmal im Jahre die Armenbezirksärzte unter Vorsitz des Magistratsdirigenten zusammen, um über die Gesundheitsverhältnisse der Stadt zu beraten. — In Berlin besteht seit Jahrzehnten ein „Verein der Armenärzte", dem jeder Kollege angehören muß. Mindestens zweimal im Jahre findet eine Sitzung statt, zu der unter Mitteilung der Tagesordnung die Mitglieder der Armendirektion eingeladen werden. Es ist wohl auch noch nie vorgekommen, daß letztere unvertreten geblieben wäre und es hat sich besonders in den letzten Jahren durch das Entgegenkommen der Verwaltung, durch die Pflege des freien Meinungsaustausches ein beide Teile befriedigendes und für die Allgemeinheit ersprießliches Zusammenwirken ausgebildet, das zur Nachachtung aufs wärmste empfohlen werden kann.

2. Formen der Anstellung; Bezeichnung; Besoldung; Auswahl der Persönlichkeiten; Dauer des Amts; Stellung zur Armenverwaltung; freie Arztwahl; Berechnung der Vergütung; Specialärzte.

Die Anstellung der Armenärzte ist durchgängig eine nebenamtliche, doch sind mit ihr nicht selten andere ärztliche Funktionen verbunden. So ist in Merseburg der Armenarzt zugleich auch Polizei- und Krankenhausarzt, in Beuthen O.-Schl. ist er Kommunal- und Polizeiarzt, in Straßburg i. E. zugleich Gemeinde- (Kantonal-) und Gerichtsarzt.

Die Bezeichnung „Armenarzt" ist weitaus vorherrschend, doch finden wir auch Kommunalarzt, Stadtarzt, Bezirksarmenarzt, Armenbezirksarzt.

Über die Besoldung der Armenärzte ist in der folgenden tabellarischen Darstellung aus dem eingegangenen Material das Verwendbare benutzt worden, soweit die lückenhaften Angaben es ermöglichen; eine ergänzende Erörterung mag ihr folgen:

Die armenärztliche Thätigkeit.

	Zahl der Einwohner rund nach der Volkszählung 1895	Anzahl der Armenärzte	Jährliches Gehalt in Mk.	Sind außerdem Specialärzte besoldet?	Bemerkungen
Berlin	1 677 000	83	1200—1500	nein	die ältere Hälfte bezieht das höhere Gehalt.
Königsberg	172 000	7	1000	nein	außerdem für einige Bezirke ein Abkommen mit der Univ.-Poliklk.
Danzig	125 000	23	300	nein	
Stettin	140 000	7	600	ja	
Posen	73 000	12	300, 600, 1600	—	je nach Zuteilung mehrerer Bezirke.
Breslau	373 000	21	900	—	
Görlitz	70 000	5	600	ja	bis zur Höchstzahl von 200 Krankheitsfällen, dann für weitere 50 Fälle je 50 Mk. mehr, außerdem Bezahlung der Leichenschauatteste.
Magdeburg	214 000	?	600	ja	
Erfurt	78 000	7	300—600	—	
Altona	148 000	?	210	—	für je einen „Armenbezirk"; die Armenärzte sind Assistenzärzte der Univ.-Poliklk.
Kiel	85 000	4	1200	—	
Hannover	209 000	6	} 1000	—	
	—	2	300 u. 700	—	wesentlich kleinere Bezirke.
Dortmund	111 000	?	900	ja	
Kassel	81 000	5	500, 900, 1000	ja	1 = 500, 3 = 900, 1 = 1000.
Frankfurt a. M.	229 000	?	1000	—	
Wiesbaden	74 000	4	1100—1400	—	alle 2 Jahre 150 Mk. steigend bis 1400 Mk.
Barmen	127 000	9	500	ja	außerdem Vergütung für Entbindungen.
Düsseldorf	176 000	?	1000	ja	außerdem Geburtshilfe nach Medizinaltaxe.
Duisburg	70 000	9	500	—	
Elberfeld	139 000	9	600	ja	
Essen	96 000	3	1350	ja	ist die Hälfte des dem „Stadtarzt" gebührenden Gesamtgehalts.
Krefeld	107 000	8	900	ja	
Köln	321 000	12	900	ja	vergütet wird noch Leichenbesichtigung.
München	407 000	22	600	—	außerdem Semestralzulagen von 60 Mk. für diejenigen, die in ihrem Bezirk mehr als 150 eingeschriebene Arme haben.
Nürnberg	162 000	8	500—700	—	
Augsburg	80 000	8	180—600	—	je nach Anzahl der Distrikte.
Dresden	336 000	19	800	—	
Leipzig	399 000	20	910	—	
= Vororte	—	—	400—900	—	je nach Umfang des Armendistrikts.

	Zahl der Einwohner rund nach der Volkszählung 1895	Anzahl der Armenärzte	Jährliches Gehalt in Mk.	Sind außerdem Specialärzte besoldet?	Bemerkungen
Chemnitz	161 000	12	300	ja	
Stuttgart ...	157 000	11	500	—	
Karlsruhe ...	84 000	5	1000	—	außerdem für jeden Tagesbesuch ½ Mk., Nachtbesuch 1 Mk.
Mannheim...	90 000	13	250—800	—	
Darmstadt...	63 000	6	500	ja	
Mainz.....	77 000	4	1000	—	
Braunschweig.	115 000	?	200—400	ja	
Hamburg ...	625 000	46	1000	—	außerdem 4 pensionsfähige Polizeiärzte, die zugleich als Armenärzte fungieren.
Lübeck	69 000	3	800	—	
Meiningen...	12 000	5	—	—	Bezahlung für Einzelleistung nach Mindestsätzen der Gebührentaxe.
Koburg	18 000	1	600	—	der jeweilige Stadtphysikus.
Gotha	31 000	2	900	—	
Köthen	20 000	1	1500	—	
Dessau	42 000	3	700	—	
Rudolstadt...	11 000	1	300	—	außerdem 2 Wundärzte.
Greiz......	22 000	1	700	—	
Gera	43 000	2	400	—	Vergütung für Entbindungen, außerdem 1 Chirurg.
Sondershausen	7 000	1	630	—	steigerungsfähig.
Colmar i. E...	33 000	4	600—640	ja	2 Kantonal-, 2 Kommunalärzte.
Metz	59 000	4	1000	—	
Straßburg i. E.	135 000	8	640	—	außerdem 4 Assistenzärzte, die nur im Fall der Vertretung honoriert werden.
Memel	19 000	1	900	—	
Tilsit	28 000	3	600	—	
Elbing	45 000	3	500—800	ja	
Brandenburg .	42 000	4	300	—	außerdem der Stadtphysikus.
Kottbus	38 000	2	600	—	vergütet schwierige Fälle, Entbindungen.
Köslin	19 000	—	1000	—	
Bromberg ...	46 000	6	500	—	
Gnesen	20 000	7	300—600	—	
Schweidnitz ..	26 000	2	750—950	—	
Glogau	22 000	2	450	ja	
	—	1	1200	—	ist zugleich Hospitalarzt.
Liegnitz.....	51 000	3	500	—	außerdem Vergütung für Entbindungen.
Beuthen O./S.	42 000	2	700	—	dazu Vergütung für polizeiliche Funktionen.
Königshütte ..	44 000	1	900	—	
Kattowitz ...	22 000	1	1800	—	ist zugleich Krankenhausarzt.

	Zahl der Einwohner rund nach der Volkszählung 1895	Anzahl der Armenärzte	Jährliches Gehalt in Mk.	Sind außerdem Specialärzte besoldet?	Bemerkungen
Ratibor....	21 000	2	500	—	
Gleiwitz....	24 000	4	600	ja	
Merseburg...	18 000	1	1300	—	ist zugleich Krankenhaus- und Polizeiarzt.
Münster....	57 000	5	600—1050	—	
Bielefeld....	47 000	8	300	ja	
Osnabrück...	45 000	2	1500	—	
Bochum....	53 000	4	600	ja	dazu 900 Mk. als Polizei-, Impf- und Schulrevisionsarzt.
Iserlohn....	24 000	1	1000	—	
Fulda.....	14 000	1	900	—	„als Entschädigung für nicht eingegangene Deserviten."
Hanau.....	27 000	1	1600	ja	ist Stadt- und Armenarzt, Gehalt steigerungs- und pensionsfähig.
Koblenz....	39 000	4	600	ja	
Trier......	39 000	3	1000	ja	
Remscheid...	47 000	7	400	—	
Regensburg..	41 000	2	400	—	
Bautzen....	23 000	1	300	—	
Zittau.....	28 000	2	620	—	
Zwickau....	50 000	1	1300	—	
Pforzheim...	33 000	3	600	—	
Wismar....	18 000	1	600	ja	Vergütung f. Entbindungen.
Apolda....	20 000	1	300	—	
Weimar....	26 000	1	600	—	außerdem ist ein „Stiftungsarzt" vorhanden.

Die Besoldung der Armenärzte erfolgt in der Regel nach festem, durch Vertrag geregeltem Gehalt. Dieses Gehalt, nach den örtlichen Verhältnissen und Anschauungen naturgemäß verschieden, hat vielfach eine wesentliche Aufbesserung erfahren, wiewohl auch hier andererseits an Gewohnheit und Herkommen länger festgehalten wird, als den Forderungen der Neuzeit entspricht. In einzelnen Städten ist das Gehalt steigerungsfähig; daß es pensionsfähig ist, berichtet nur Hanau.

Das festgesetzte Gehalt bezieht sich in mehreren Gemeinden bis zu einer bestimmten Krankenzahl; so vergütet Görlitz über die Höchstzahl von 200 Krankheitsfällen hinaus für je 50 Kranke je 50 Mark mehr; — so gewährt München eine Semestralzulage für diejenigen, die in ihrem Bezirk über 150 „konskribierte" (= in die Armenlisten eingeschriebene) Arme haben. In Karlsruhe werden außer dem festen Gehalt für jede Einzelleistung festgesetzte Gebühren gezahlt, in Meiningen werden die Armenärzte für jeden einzelnen Fall ihrer Mühewaltung nach den

Mindestsätzen der Arztgebührentaxe vergütet, auch **Bremen** hat neuerdings den Modus der Bezahlung der Einzelleistung „versuchsweise" eingeführt. Besondere Vergütungen für Geburtshilfe gewähren **Barmen, Düsseldorf, Liegnitz, Kottbus,** für Leichenschauatteste: **Köln, Görlitz,** für Atteste zur Überführung in Anstaltspflege **Barmen,** für Atteste der Invalidenversicherung: **Kolmar.** Eine seltsame, wohl kaum zu empfehlende Bestimmung besteht in **Fulda**; es wird von dort berichtet, das festgesetzte Gehalt „bildet keine vollständige Vergütung für die Behandlung, sondern eine Entschädigung für nicht eingegangene Deserviten. Es steht dem Armenarzt frei, trotz dieser Vergütung für seine ärztlichen Bemühungen von den behandelten ärmeren Bewohnern Bezahlung zu fordern."

In **Aachen** besteht[1] seit dem 1. Juli 1898 eine Neuordnung der armenärztlichen Honorierung. Jeder Armenarzt, dem wie bisher ein bestimmter Bezirk zugeteilt ist, bezieht ein Grundgehalt und wird im übrigen im Verhältnis zu der Zahl der von ihm behandelten Kranken honoriert. Diese Zahl wird durch Einreichung der von den Kranken dem Arzt überbrachten, vom Armenpfleger ausgestellten Krankenscheine festgestellt und ihr Wert aus der im städtischen Haushaltplan hierfür bestimmten Summe (nach Abzug des Grundgehalts) berechnet. — —

Hieran schließen sich nun diejenigen Gemeinden, welche auch für ihre Armenkranken das System der sogenannten „**freien Arztwahl**" eingeführt haben. Dieses System hat im letzten Jahrzehnt sowohl die ärztliche Welt, wie die verschiedenen Kassenverwaltungen, zum Teil in sehr erregten Kämpfen, beschäftigt, es steht noch derartig im Vordergrund der Besprechungen und Erwägungen, daß es wohl auch an dieser Stelle ein tieferes Eingehen verdient.

Zunächst sei mitgeteilt, daß — soweit unsere Erfahrung reicht — nur die Stadt **Rheydt** für ihre Armen die volle freie Arztwahl eingeführt hat. Die Einrichtung besteht seit dem 1. Juli 1896. Sämtliche Ärzte der Stadt sind auf unbestimmte Zeit als Armenärzte zugelassen. Für die Behandlung der Armen wird eine jährliche Summe von 1800 Mk. bewilligt, welche nach der Zahl der Krankenscheine unter die Armenärzte zur Verteilung kommt. Außerdem werden größere chirurgische oder geburtshilfliche Operationen nach dem niedrigsten Satze der Medizinaltaxe besonders liquidiert. Nach privaten Mitteilungen eines Kollegen an den Berichterstatter sind nach den bisherigen Erfahrungen Ärzte und Verwaltung mit der freien Arztwahl zufrieden. Mißstände sind in keiner Weise hervorgetreten. Der Wert des einzelnen — für je 4 Wochen gültigen — Krankenscheines berechnet sich pro 1899/1900 auf 2 Mk., die Zahl der Einzelleistungen und der durchschnittliche Wert derselben ließ sich auch nicht schätzungsweise angeben.

Beschränkte freie Arztwahl besteht in **Bremen.** Es steht den Patienten der Armenpflege frei, sich unter den Armenärzten ihres Stadt-

---

[1] Aus der Medizinischen Reform 1898, Nr. 42, nach einer Mitteilung der „Rhein.-Westf. Zeitung".

bezirks (jeder der 4 Stadtbezirke hat 4 bis 5 Armenärzte) einen Arzt zu wählen, sie sind aber nicht befugt, während der Dauer der einzelnen Krankheit einen Wechsel ohne Zustimmung der Armendirektion vorzunehmen. Die Armenpflege bezahlte nach einem Abkommen vom Februar 1897 als Gesamtvergütung an die Armenärzte, z. H. des von ihnen zu wählenden Rechnungsführers eine bestimmte Summe, die dieser mit einer dreigliederigen Ärztekommission verrechnete und verteilte. Seit dem April 1899 ist an Stelle des Pauschquantums eine Bezahlung der Einzelleistungen nach bestimmten Sätzen a) für jede Konsultation 50 Pf., b) für jeden Besuch 1 Mk., c) für Nachtbesuche und Konsultationen das Doppelte der vorstehenden Sätze, d) für jede geburtshilfliche Operation 10 Mk., eingeführt, der Modus der beschränkten freien Arztwahl im übrigen beibehalten.

Der Jahresbericht der stadtbremischen Armenpflege für das Rechnungsjahr 1898 sagt, daß das System sich durchaus bewährt habe. Dagegen sei das Pauschquantum auf Wunsch der Ärzte aufgehoben worden, aus Gründen, die vom Vorstande der Armenpflege gebilligt werden mußten. „Einmal war die bisherige, aus der Zeit der kirchlichen Armenpflege überkommene Honorierung nach dem Maßstabe der Gegenwart überhaupt eine nicht mehr angemessene, andererseits war sie nicht hinreichend abgestuft." Die neue Vereinbarung ist probeweise abgeschlossen.

In Worms, wo drei Armenärzte mit festem Gehalt angestellt sind, und in Meiningen, wo die gewählten fünf Armenärzte nach Einzelleistungen bezahlt werden, steht den Armenkranken unter den bestellten Armenärzten freie Wahl zu. Aus Worms, wo der Versuch erst seit Oktober 1899 besteht, wird berichtet, daß er eine merkliche Veränderung bisher nicht herbeigeführt habe, insbesondere nicht die gehegte Befürchtung eines mißbräuchlichen Wechsels. „Da die Armenärzte feste Vergütung beziehen, so liegt der Lohn für etwaige Mehrleistung des einen Armenarztes gegenüber dem andern lediglich in dem Bewußtsein der größeren Begehrtheit."

Der Bericht der Armenverwaltung zu Frankfurt a. M. spricht sich „grundsätzlich gegen die Einführung" der freien Arztwahl aus; in Dresden ist im November 1897 nach eingehender Beratung beschlossen worden, „von der Einführung freier Arztwahl im weiteren Umfange abzusehen, eine Bezahlung der Armenärzte nach Einzelleistungen nicht einzuführen, aber das Gehalt der festbesoldeten Armenärzte zu erhöhen und neue Armenarztstellen zu begründen."

In Berlin[1] war im Jahre 1893 in der Stadtverordneten-Versammlung der Antrag gestellt worden, jetzt endlich, nachdem mit dem Bestehen des Vereins der freigewählten Kassenärzte die Möglichkeit gegeben sei, die alte Forderung der Armen, die Virchow in der Medizinischen Reform des Jahres 1848 so trefflich begründet habe, zu verwirklichen. Der Antragsteller Dr. Zadek ersucht den Magistrat, für die nächste Etatsaufstellung von der Besoldung besonderer Armen-

---

[1] Medizinische Reform 1893, Nr. 17.

ärzte Abstand zu nehmen, mit dem genannten Verein in Verbindung zu treten und der Versammlung über das Resultat dieser Verhandlung zu berichten. Die citierten Worte Virchows aus jener Zeit lauten: „Die Gemeindebehörden können aus ihren statistischen Tabellen die Zahl der Armen genau wissen, sie können ferner ziemlich annähernde Zahlen über die Erkrankungen unter den Armen gewinnen und es wird daher nicht schwer fallen, die Durchschnittssumme der Arbeit festzustellen, welche die ärztliche Association zu leisten, die Größe des Lohnes zu berechnen, welchen diese zu beanspruchen hat."

Dr. Zadek berechnet sodann aus dem Jahresbericht pro 1891/92 die Arztkosten pro Kranken und Jahr auf 1,53 Mk. und giebt die Inanspruchnahme der Armenärzte von 167 Kranken im 19. Medizinalbezirk bis zu 2046 im 16. und 2565 im 48. Medizinalbezirk an, in 20 Bezirken seien über 1000 Kranke im Jahre. Er wisse wohl, daß die besonderen Verhältnisse der Armenkrankenpflege, der große Wechsel in Zu- und Abgang der Armenkranken, die von den Armenärzten betonte Erschwerung der Kontrolle, für die vielleicht einzig mögliche Honorierung pro Kranken resp. Krankheitsfall gewisse Schwierigkeiten schaffen. Indes diese würden sich bei einigem guten Willen auf beiden Seiten überwinden lassen. — — Dem Antrag Zadek ist seitens des Magistrats nicht stattgegeben und seitdem über dieses Thema in der städtischen Verwaltung nicht wieder verhandelt worden[1].

Wiewohl der Berichterstatter nun die Zulassung aller Ärzte zur Behandlung Kassenkranker auf Grund bestimmter Vereinbarungen als eine „berechtigte Forderung der überwiegenden Mehrzahl der deutschen Ärzte" anerkennt, wiewohl er zugiebt, daß „das System der freien Arztwahl im Interesse der Versicherten und der Ärzte liegt, und daß es nach nunmehr jahrelangen Erfahrungen durchführbar ist"[2], so muß er es doch nach eigener, reicher Kenntnis der einschlägigen Verhältnisse als nicht geeignet hinstellen zur Einführung bei den Armenkranken der **großen** Städte. Seitdem Virchow die oben citierten Worte geschrieben hat, ist ein halbes Jahrhundert dahin gegangen. Wie haben sich seitdem die großstädtischen Verhältnisse geändert! Der gewaltige Zuzug aus den kleinen Städten und dem platten Lande, die ungeahnte Steigerung von Industrie, Handel und Verkehr haben nicht hindern können, daß auch die Schattenseiten in dem Bilde der großen Städte immer markanter geworden sind. Ein Blick auf die Entwicklung der Armenbudgets belehrt uns darüber.

Die Armenverwaltungen sind immer mehr in die Lage gebracht worden, das Heer ihrer beamteten und freiwilligen Hilfskräfte zu vermehren, die Organisation in festgegliederte Bezirke zu festigen. Diese Bezirke (Pflegschaften, Armenkommissionen) bedürfen, soll ihre Verwaltung

---

[1] Es ist hinzuzufügen, daß soeben (Mai 1900) für die neugeschaffene Berliner städt. Betriebs-Krankenkasse freie Arztwahl eingeführt ist.

[2] Nach einer Petition des Geschäftsausschusses der ärztl. Standesvereine vom 17. März 1899.

eine übersichtliche bleiben, unbedingt eines ständigen Vertrauensarztes, der mit ihnen sich immer mehr in die Verhältnisse der eingesessenen Bezirksarmen einlebt, der für die Kenntnis und die Bedürfnisse der wechselnden und vagierenden Bezirksarmen ihr technischer Beirat ist. Bei den vielseitigen, fast täglichen Anforderungen, die der Verkehr zwischen Armenarzt und Armenkommissionen mit sich bringt, würde es für die letzteren eine unüberwindliche Erschwerung der Geschäftsführung schaffen, sollten sie für ihre Unterstützung auf mehrere unbestimmte, anstatt wie bisher auf einen Vertrauensarzt angewiesen sein. Andererseits würde bei Einführung der freien Arztwahl vom Standpunkt der Verwaltungsbehörde sich die Unmöglichkeit ergeben, über die sämtlichen beteiligten Ärzte in sorgfältiger Weise eine Aufsicht zu führen und Beschwerden der Bedürftigen ebenso wie denen der Ärzte gerecht zu werden. Daß dies eine das Maß des Zulässigen weit überschreitende Lockerung der Disciplin bedeuten würde, wird jeder Kenner derartiger komplizierter Verhältnisse zugeben müssen.

Das jetzige System macht für die großen Städte allein eine eingehende Erörterung der Verhältnisse der Bittsteller möglich und läßt so um so sicherer die wahre Bedürftigkeit von der nur vorgegebenen scheiden. — —

Anhangsweise sei hier erinnert an das in Frankreich nach dem Vorgang der departements des Landes und des Vosges als Systeme landais ou vosgien bezeichnete, in mannigfaltiger Weise entwickelte System der freien Arztwahl[1]. Die Befugnis der Kranken, sich den Arzt auszuwählen, ist in 60 von 96 Departements eingeführt; zum Teil ist die Wahl ganz unbeschränkt unter allen Ärzten des Ortes oder Departements, welche sich den allgemeinen Bedingungen für ihre Thätigkeit unterworfen haben, zum Teil kann nur unter einer bestimmten Zahl von Ärzten gewählt werden, die für abgegrenzte Bezirke bestellt sind. Die Remuneration der Ärzte geschieht entweder in der Form der festen Vergütung oder Bezahlung der Einzelleistungen nach vertragsmäßigen Sätzen.

Die Auswahl der Persönlichkeiten bei der Anstellung der Armenärzte geschieht in den meisten Fällen nach öffentlicher Ausschreibung, doch wird diese vielfach, selbst in Städten wie Königsberg, Danzig Stettin, Posen, Leipzig, Chemnitz, Bremen und anderen für nicht erforderlich erachtet, da stets freiwillige Meldungen vorliegen. In Breslau wird eine Anwärterliste für Vakanzen geführt, in Brandenburg und Bremen werden diese Meldungen durch die dort bestehenden Ärztevereine vermittelt.

Als Anstellungsbedingung besteht selbstverständlich überall die staatliche Approbation. Bevorzugt wurden jüngere Bewerber in Hannover, Essen, Darmstadt, Bromberg, — der älteste im Bezirk wohnende Bewerber in Duisburg, — längere Ansässigkeit am Ort in Bochum und Gleiwitz, — frühere Assistenzärzte der Ortskrankenanstalten in Magde-

---

[1] Nach Münsterberg, Das ausländische Armenwesen, 1898, Schriften d. D. Ver. für Armenpflege u. Wohlthätigkeit, Heft 35.

burg, — endlich Bewerber, die das Physikatsexamen bestanden haben in Straßburg. München macht mehrjährige Ausübung der Paxis als Bedingung. In Berlin wird neuerdings besonders darauf gehalten, den Zuzug von Ärzten nicht ohne Not zu vermehren, sodaß bei gleicher Qualifikation der Bewerber den Vorzug erhält, der bereits in dem Medizinalbezirke wohnt.

Die Dauer des Amtes als Armenarzt ist von den meisten Städten als „unbestimmt mit beiderseitiger dreimonatlicher Kündigung" bezeichnet, als lebenslänglich von Schweidnitz, Osnabrück, Straßburg. Einjährige Amtszeit mit zulässiger Wiederwahl haben eingeführt Essen, Tilsit, Bromberg, Iserlohn, Wismar, Erfurt, — dreijährige: Berlin, Leipzig, Magdeburg, Barmen, Hamburg, Dresden, doch ist in letzterer Stadt eine Amtsführung über 6 Jahre hinaus nur ausnahmsweise statthaft, — fünfjährige: Köln, Frankfurt a. M., Nürnberg, doch ist in Nürnberg nur einmal die Wiederwahl auf weitere 5 Jahre zulässig. — für 6 Jahre mit sechsmonatlicher beiderseitiger Kündigung gilt die Anstellung in Breslau.

Die Stellung der Armenärzte zur Armenverwaltung und zu deren Bezirkskommissionen ist durch die bestehenden Dienstanweisungen und Armenordnungen geregelt. Sie ist in so fern als eine lockere zu bezeichnen, als die Armenärzte wohl zumeist regelmäßig zu den periodischen Sitzungen eingeladen werden, ihre Anwesenheit auch als erwünscht, aber nicht als geboten hingestellt wird, wenn nicht in dem Einzelfalle das ausdrückliche Bedürfnis des Erscheinens ausgesprochen ist. Die Verpflichtung zur Teilnahme an vierteljährlichen Konferenzen haben Dortmund, Offenbach, Worms, Dessau, Köthen angeordnet; eine gleiche Verpflichtung in Mainz für die jährliche Revisionssitzung.

Die Teilnahme an den Sitzungen geschieht zumeist mit beratender Stimme, doch auch mit beschließender Stimme in Posen, Breslau, Hannover, Chemnitz, Karlsruhe, Mannheim, Memel, Frankfurt a. O., Frankfurt a. M., Königshütte, Ratibor, Regensburg, Zwickau, Pforzheim, Gleiwitz, Greiz. In Gnesen sind zwei der vier angestellten Armenärzte Mitglieder der Armendeputation mit beschließender Stimme. — Der Berichterstatter legt auf das letztere Zugeständnis kein großes Gewicht; er möchte aber besonders betonen den Wert der Teilnahme der Armenärzte an den periodischen Beratungen überhaupt. Eines Jeden Erfahrung hat es wiederholt bestätigt, um wie vieles der mündliche Meinungsaustausch höher steht, als die knappe schriftliche Beantwortung kurzer Fragen. Abgesehen von der gründlicheren Erörterung des Einzelfalles entstehen in dem persönlichen kollegialen Verkehr Anknüpfungen an Fragen, die dem Armenpfleger, dem Mitglied der Armenkommission am Herzen liegen, deren mündliche Besprechung oft erst rechtes Verständnis giebt und ihre Wichtigkeit ins rechte Licht setzt.

Freilich, die regelmäßige Teilnahme ist — zumal in den großen Städten — den Ärzten erschwert durch die reichlichere berufliche Inanspruchnahme, durch die Notwendigkeit, sich bestimmten, oft unbequem gelegenen Stunden anzupassen, aber bei beiderseitigem Entgegenkommen müßte sich hier häufig ein Weg finden lassen, der sicherlich für alle Beteiligten, insbesondere für das Gemeinwesen ersprießlich sein würde. —

Die Vertretung der Armenärzte in Behinderungsfällen (Reisen, Krankheit) geschieht zumeist durch die armenärztlichen Kollegen, und zwar besteht hierfür innerhalb begrenzter Zeiträume zum Teil eine durch die Dienstanweisung vorgeschriebene Verpflichtung, zum Teil wird es dem Einzelnen überlassen, für angemessene Vertretung zu sorgen.

In Straßburg sind neben den 8 Armenärzten 4 Assistenzärzte ernannt, die jedoch nur im Falle einer Vertretung Honorar erhalten. Sie rücken bei eintretenden Vakanzen in die ordentlichen Stellen ein. In Frankfurt ist eine notwendig werdende Vertretung beim Stadtarzt, der auch Vorsitzender und Beaufsichtiger der Armenärzte ist, anzumelden, von dem sie mit thunlichster Einhaltung eines Turnus angeordnet wird. Diese Vertretung ist die ersten 4 Wochen ohne Anspruch auf Vergütung, darüber hinaus gegen eine vom Armenamt festzusetzende Honorierung zu übernehmen.

Specialärzte treten zum Teil auf direkte Zuweisung durch die Organe der Armenverwaltung in Funktion, in den meisten Fällen durch Zuweisung seitens der Armenärzte. Viele Städte, in erster Linie die Universitätsstädte, machen von dem Angebot unentgeltlicher Behandlung der Armen seitens der immer zahlreicher sich niederlassenden Specialärzte ergiebigen Gebrauch; doch ist anerkennend hervorzuheben, daß eine große Reihe von Gemeinden Specialärzte (zumeist für Augenkrankheiten, doch auch für Ohren-, Nasen-, Halskrankheiten, für Frauenkrankheiten) mit festem Gehalt angestellt hat, während in anderen Gemeinden die durch die Armenärzte an die Specialärzte überwiesenen Fälle nach vereinbarten Sätzen oder nach den niedrigsten Sätzen der Medizinaltaxe honoriert werden. Die Specialärzte sind fast stets zu selbständiger Behandlung ermächtigt, übernehmen also den Kranken unter eigener Verantwortlichkeit, zum Teil sind sie auf Ersuchen des Armenarztes nur dessen Berater für den Einzelfall und bleiben mit ihm in kollegialer Verbindung.

3. Örtlicher Umfang der Thätigkeit; jährliche Krankenzahl.

Es ist naturgemäß, daß in den kleineren Gemeinden die Thätigkeit des (einzigen) Armenarztes sich über den ganzen Umfang der Stadt erstreckt. Verwunderlicher ist es, daß auch Städte wie Köslin und Kolberg mit je 18000 Einwohnern, Wismar mit 18000, Kattowitz mit 22000, Königshütte mit 44000 Einwohnern nur einen Armenarzt anstellen. In den meisten Städten sind bestimmt abgegrenzte Armen- oder Medizinalbezirke gebildet, die sich der sonstigen Verwaltungseinteilung in Stadtbezirke oder Armenkommissionen oder Armendistrikte anschließen und je nach ihrer Größe aus einem oder mehreren Bezirken bestehen. An der Bestimmung, daß die Armenärzte in den ihnen zugewiesenen Bezirken oder in deren nächster Nähe wohnen müssen, ist fast allenthalben festgehalten; doch muß zuweilen wegen der eigentümlichen örtlichen Formation davon abgesehen werden („wegen spinnenförmiger Ausdehnung der Stadt unmöglich", sagt z. B. der Bericht aus Gleiwitz).

Die Entfernung der Grenze des Bezirks von der Wohnung des Arztes variiert natürlich nach den örtlichen Verhältnissen. So wird in den eingegangenen Berichten diese Entfernung angegeben: in Essen auf 15 Minuten, in Barmen, Gotha, Mainz bis 20 Minuten, in Kassel bis 30 Minuten, in Tilsit bis 1½ km, in Stuttgart bis 2 km, in Greiz und Köslin bis 2½ km, in Gleiwitz, Zittau, Oldenburg bis 3 km, in Osnabrück bis 5 km.

In den größten Städten, deren Erweiterung und Ausdehnung, um den alten vorhandenen Kern sich gruppierend, an der Peripherie sich gestaltet, während die centralen Bezirke immer mehr industriellen und geschäftlichen Zwecken dienstbar gemacht werden, sind demzufolge die inneren Armenarzt-Bezirke räumlich sehr ausgedehnt, gegenüber den verkleinerten, eng begrenzten, mit Armenbevölkerung reich gesegneten Außenbezirken, deren Krankenzahlen zumeist in umgekehrtem Verhältnis stehen. Es liegt hierin ein gewisser Ausgleich für die zahlenmäßig oft grell sich unterscheidende Thätigkeit der einzelnen Armenärzte. Es ist leicht einzusehen, daß weder nach der Zahl der Kranken, noch nach der räumlichen Ausdehnung der Bezirke ein bestimmter Maßstab festzuhalten ist. In Berlin, wo diese Verhältnisse ganz besonders scharf in die Augen fallen, ist die Behörde von jeher bemüht gewesen, die durch Krankenzahl überlasteten Bezirke — wo es immer thunlich war — zu verkleinern, eine Vergrößerung der mit geringer Krankenzahl arbeitenden, räumlich aber weit ausgedehnten Bezirke ist mit Rücksicht auf die Hilfesuchenden, zumeist aus schwachen, gebrechlichen Frauen bestehenden Armenkranken kaum ausführbar. Im Laufe des letzten Jahres ist in bestimmten Monaten auf Anordnung der Armendirektion eine statistische Aufstellung über die einzelnen Funktionen der Armenärzte ausgeführt worden (Besuche in der Wohnung des Arztes, der Kranken, sonstige Hilfeleistungen, Atteste), deren Resultat noch nicht bekannt gegeben worden ist. Die Erhebung ist dazu bestimmt, der leitenden Behörde ein genaueres Bild über die Belastung der Armenärzte und Erwägungen über anderweitige Einteilung der Bezirke, Feststellung der Honorare u. s. w. eine sichere Grundlage zu geben.

Die Berichte über die jährliche Krankenzahl sind wegen der Verschiedenartigkeit der zu Grunde gelegten Angaben nicht leicht zu gruppieren, doch soll das Bemerkenswerteste aus ihnen hervorgehoben werden. (Diese Angaben beziehen sich auf den letzten zugänglichen Bericht, nicht immer auf den des letzten Verwaltungsjahres.)

So entfallen auf jeden Armenarzt für das Jahr:

in Zittau ca.	50 Kranke,
in Regensburg	90—120 =
in Greiz	106 =
in Elberfeld	414 =
in Dresden	195 =
in Iserlohn	350 =

Es entfallen ferner insgesamt auf:

	Armenarzt-bezirke	Kranke	also durch-schnittlich auf den Arzt
in Essen	3	2 000	667
= Danzig	23	5 836	254
= Magdeburg	16	4 360	272
= Nürnberg	8	1 262	158
= Münster	5	2 263	452
= Bochum	4	1 000	250
= Stuttgart	11	2 772	252
= Darmstadt	6	1 380	230
= Trier	3	726	242
= Mainz	4	608	152
= Tilsit	3	1 511	504
= Gnesen	4	750	188
= Dortmund	4	1 078	270
= Osnabrück	2	596	298
= Lübeck	3	524	262
= Gleiwitz	4	1 366	341
= Glogau	3	342	114
= Gotha	2	636	318
= Breslau	21	5 500	262
= Berlin	80	48 124	601

Der Bericht von Berlin bezieht sich auf das Verwaltungsjahr 1898/99, die Zahl der behandelten Fälle schwankte in den einzelnen Bezirken zwischen 164 und 1370, über 1000 Fälle waren zu behandeln in 4 Medizinalbezirken, im Durchschnitt kamen 601 Fälle auf einen Armenarztbezirk, unter diesem Durchschnitt blieben 39 Medizinalbezirke oder fast 50 % aller Bezirke.

4. Die Thätigkeit der Armenärzte

in der offenen Armenpflege erstreckt sich, soweit sie fast allen Städten gemeinsam ist: auf die Behandlung der Kranken, — auf Zuweisung der Kranken in Kranken- und Irrenanstalten, Siechenhäuser, — auf Ausstellung von Todesbescheinigungen an Orten, wo Leichenschau obligatorisch ist, — auf Zuweisung der Kranken an Heilgehilfen, Hebammen, Bandagisten, — auf Verordnung von Nahrungs- und Stärkungsmitteln (direkt oder durch die Bezirkskommission) — auf Feststellung der Erwerbsfähigkeit, der Invalidität, der Transportfähigkeit (diesbezügliche Atteste werden vielfach besonders honoriert).

Daran schließen sich die nicht allseitig üblichen Funktionen, zum Teil der geschlossenen Armenpflege angehörig: Bescheinigung von Schulversäumnissen, Übernahme von Entbindungen und Impfungen (meistens gegen besondere Vergütung), Zeugnisse über früher stattgehabte Impfungen,

Revision der Apothekerrechnungen (Duisburg, Essen, Nürnberg), Kontrolle über die Rettungsanstalten des Bezirks (Königsberg), Gewährung ärztlicher Hilfe bei Nachtzeit an Personen, die nicht der öffentlichen Armenpflege anheimgefallen sind (Stettin), Behandlung der Waisenkinder, der Kostpflege = Halte- oder Ziehkinder, Behandlung in Waisen- und Armenhäusern (Barmen, Remscheid, Kottbus, Apolda, Köthen) = in Versicherungsanstalten, Stiftshäusern und Asylen für Obdachlose (Kassel, Nürnberg, Gotha), in Armenarbeitshäusern (Wiesbaden, Oldenburg) — in allen diesen Anstalten zumeist gegen besondere Vergütung —, Überwachung von Krippenanstalten, Anwesenheit auf der Brandstätte seines Bezirks (!) (Königsberg), Anwesenheit bei Brandunglück auf Requisition des Feuerlöschkommandanten (Trier), Behandlung unbemittelter Stadtaufwärter, Schutzmänner, Feldwächter (Stuttgart), der städtischen Nachtwächter, Feuerleute und Stadtfuhrleute (Tilsit), der städtischen Kämmereiarbeiter (Liegnitz), der städtischen Unterbeamten (Ratibor), Untersuchung zugereister eventuell in Krankenhäusern unterzubringender Personen (Lübeck), Behandlung abonnierter Dienstboten (Liegnitz, Gleiwitz), periodische Untersuchung der unter Sittenkontrolle stehenden Dirnen (Beuthen, Rudolstadt), monatliche und bei Epidemien häufigere Revision der Kleinkinderschulen (Dessau), Untersuchung der Kinder in den Volksschulen auf Ersuchen des Oberbürgermeisters (Koblenz, Tilsit), Untersuchung von Handwerksgesellen, von denen vor Arbeitsantritt ein Gesundheitsattest verlangt wird (Worms, Dessau), Inspektion von Mietswohnungen und Schlafstellen (Worms), — vielfach auch Hilfeleistung und Behandlung auf polizeiliche Requisition, Untersuchung in Militärreklamations = Angelegenheiten, Besichtigung gesundheitsverdächtiger Wohnungen, zum Teil den Obliegenheiten bestimmter Polizeiärzte überwiesen.

Es bleibt hinzuzufügen, daß mit dem Amt des Armenarztes sehr häufig auch gegen besondere Entschädigung das Amt des Impfarztes, neuerdings auch das des Schularztes verbunden ist oder zu verbinden geplant ist. Von keiner Seite ist hervorgehoben worden, daß aus der Verbindung derartiger mehrfacher Funktionen sich Unzweckmäßigkeiten oder Störungen in der Verwaltung ergeben hätten. In der Übertragung dieser Funktionen wollten viele Gemeinden eine Anerkennung der im Gemeindedienst thätigen und in vielfach schwierigen und undankbaren Verhältnissen bewährten Armenärzte zur Geltung bringen, andererseits hoffen sie auf diese Weise für sich zuverlässigere und in der Verwaltungstechnik geschultere Beamte zu schaffen.

Die Thätigkeit von Privatärzten, die mit der Armenverwaltung in keiner Verbindung stehen, in einzelnen Fällen aber Bedürftige behandelt haben, wird von fast allen Gemeinden — unter der Voraussetzung, daß ihre Inanspruchnahme im dringenden Notfall und in Abwesenheit des zuständigen Armenarztes erfolgte — nach den niedrigsten Sätzen der Gebührenordnung für Ärzte vergütet. — — —

Die Behandlung der Armenkranken umfaßt sowohl die Beratungen im Hause des Arztes, wie die Besuche in der Wohnung der Kranken. Sie erfolgt entweder auf Grund der dem Armenarzte abschriftlich übergebenen „Armenliste", welche sämtliche in laufender Unterstützung stehenden Personen enthält und durch regelmäßige Mitteilungen der Armenkommission stets auf dem Laufenden erhalten wird (konskribierte, eingeschriebene Kranke: Nürnberg, Leipzig, Mannheim, Wiesbaden) oder auf Legitimation durch ein „Armenbuch" (Posen), oder auf Zuweisung mittelst besonderer, durch die Pfleger, Armenkommissions-Vorsteher, Bezirksvorsteher ausgefertigter Krankenscheine, Kurfreischeine (Danzig), Medizinbewilligungsscheine (Stettin). Mit der Behandlung ist fast überall die Anweisung auf freie Arznei verbunden, doch bezieht sich die Gewährung freier Arznei manchmal nur auf diejenigen, die in der Armenliste verzeichnet sind, also dauernd Unterstützte (Leipzig, Wiesbaden) — ein Modus, der gewiß an manchen Orten Erwägung und Nachachtung verdient.

Die Sprechstunden der Armenärzte werden nicht allenthalben in den Wohnungen derselben abgehalten, sondern auch im Armenamt (Colmar), in der Armenanstalt (Hildesheim), im Rathaus (Karlsruhe), in besonders gemieteten Lokalen (Straßburg).

Außer auf Arzneien beziehen sich die Verordnungen auch auf Bäder, Brillen, mechanische Heilmittel (Bruchbänder, Spritzen, Irrigatoren, Bandagen, Stützapparate u. s. w.), auf diätische Mittel und Stärkungsmittel, Milch, Wein, „Krankenkost" bei bestimmten Speisewirten (Dresden). Die Zuweisung erfolgt durch die Armenärzte entweder direkt an die Lieferanten, mit denen die Preise verabredet sind oder an die Organe der Armenverwaltung, die ihrerseits die Verabredung ausführen.

Es hat sich in dieser Beziehung immer mehr das Bestreben entwickelt, das Verhältnis des Armenarztes zur Armenkommission in bestimmte und für beide Teile ebenso wie für die Hilfesuchenden bequemere Formen zu bringen. Diese Bestrebungen haben in Berlin neuerdings dazu geführt, das ohnehin reichliche Schreibwerk wesentlich zu vereinfachen und hierdurch zum Teil die Armenärzte gegenüber dem bisherigen Verfahren selbständig zu stellen. So soll nunmehr die Verordnung von mechanischen Heilmitteln gewöhnlicher Art (Brillen, Bruchbänder, Bandagen u. s. w., die den Preis von 15 Mk. nicht übersteigen), sowie die Anweisung von Bädern lediglich durch den Armenarzt ohne Mitwirkung der Armenkommission erfolgen, während man aus Rücksichten der Kontrolle und Verrechnung hat dabei bleiben müssen, die Zuweisungen in die Krankenanstalten, sowie die Gewährung von Milch, Fleisch und anderen Nahrungsmitteln durch die Vermittlung der Armenkommission zu bewerkstelligen.

Für die Bewilligung kostspieligerer Bandagen und Apparate ist die Zustimmung der Armendirektion einzuholen. —

Für die zu verordnenden Arzneien ist den Ärzten völlig freie Hand gegeben, doch wird ihnen dringend empfohlen, keine Luxusverordnungen zu treffen und Sparsamkeit zu üben, soweit diese mit dem Heilzweck vereinbar ist. Die empfohlenen Formulae magistrales (— außer den am meisten verbreiteten Berliner Formulae magistrales haben Köln und Hamburg eigene, Augsburg gebraucht die Münchener Pharmacopoea clinica von Prof. v. Ziemssen, andere bedienen sich der Pharmacopoea militaris —) bieten im Interesse der Kostenersparnis eine große Reihe, durch praktische Erfahrung und kollegiale Beratung bewährter Rezeptanweisungen und Belehrungen zur billigeren Verordnung. Die Neigung vieler Ärzte, sofort die „neuesten" in den Fachzeitschriften empfohlenen und in ihrer Wirkung angepriesenen Heilmittel zu versuchen, führt gewiß nicht selten zu einer Überlastung dieses Teils der Armenkosten. Es müssen wohl arge Mißbräuche vorgekommen sein, wenn wir in einer Dienstanweisung den Satz finden: „Die Gewährung von Chokolade, Gewürzen, Schnupftabaken und ähnlichen Genuß- oder Nahrungsmitteln unter der Form arzneilicher Verordnung ist durchaus unstatthaft". Gewiß verdient es beherzigt zu werden, was in § 1 der „Anleitung zur Kostenersparnis bei dem Verordnen von Arzneien" der Berliner Formulae magistrales gesagt wird:

„In der Wahl der Arzneien ist der Arzt nicht beschränkt. Teuere Mittel sind nur dann zu verordnen, wenn eine schnelle, sichere und dauernde Wirkung erwartet werden kann. Noch nicht erprobte Mittel und „Specialitäten" sind zu meiden. Geheimmittel dürfen nicht angewendet werden. Die Ordinierungsweise muß von dem Grundsatze geleitet sein, daß weise Sparsamkeit dem Wohle der Kranken niemals schaden wird."

Ich glaube, diese Anordnung besonders betonen zu müssen, um auch an dieser Stelle der nicht selten ausgesprochenen Meinung entgegen zu treten, es würden für die Armenkranken nur billige und deshalb unwirksame Arzneimittel verordnet. Was wäre wohl inhumaner und — thörichter?

Die Führung von Krankenjournalen ist von den meisten Armenverwaltungen, — erstaunlicherweise nicht von allen — den Ärzten zur Pflicht gemacht. Abgesehen von dem Interesse, das aus dem angesammelten Material den Ärzten selbst erwachsen muß, bilden sie doch die natürlichste Unterstützung für das Gedächtnis derselben bei Anfragen seitens der Armenbehörde. Oft wird auf der Grundlage des Krankenjournals ein monatlicher, vierteljährlicher oder jährlicher statistischer Bericht durch die Ärzte selbst aufgestellt oder durch die Bureaus der Verwaltungen. Ein Erlaß des preußischen Ministers des Innern an die Regierungspräsidenten vom 13. August 1884 sagt über kommunalärztliche Berichte: „Um den Regierungs- und Medizinalräten eine fernerweite und, wie ich annehmen darf, nicht unergiebige Quelle für die Gewinnung eines umfangreichen Materials zur Ermittlung der Häufigkeit von Erkrankungen innerhalb ihres Bezirks zu eröffnen, ersuche ich Ew. ꝛc. ergebenst, thunlichst dahin zu wirken, daß überall, wo Kommunalärzte (Distriktärzte) angestellt sind, dieselben, soweit dies nicht bereits geschieht, der ihnen vorgesetzten Kommunalbehörde periodische Berichte über Zahl und Art der von ihnen behandelten Krankheitsfälle zu erstatten verpflichtet werden, und daß die betreffenden Kommunalbehörden von diesen Berichten Ew. ꝛc. Kenntnis geben."

Indeß Roth klagt (a. a. O. S. 70) aus seiner amtlichen Erfahrung, daß „diese Berichte, wie sie zur Zeit erstattet werden, im allgemeinen als wertlos und für eine weitere Verarbeitung nicht geeignet erachtet werden müssen. Abgesehen davon, daß sie das große Gebiet der Kommunal- und Socialhygiene unberührt lassen, sind sie auch in ihrer Beschränkung auf krankheitsstatistische Daten vielfach unvollständig und lückenhaft und zwar nicht bloß die von ländlichen Armenärzten gelieferten Berichte, oder sie werden überhaupt nicht erstattet, wie es in einigen der westlichen Bezirke nicht selten vorkommt. Es kommt hinzu, daß die Krankheitsbezeichnungen und Krankheitsgruppen meistens ganz willkürlich sind, so daß die Angaben der einzelnen Berichterstatter auch aus diesem Grunde nicht mit einander vergleichbar sind und daß der Unterbau einer Armenstatistik völlig fehlt."

Es ist selbstverständlich, daß die Armenärzte, gleichwie alle andern Ärzte zur Ausfüllung epidemischer Meldekarten verpflichtet sind, die an die Polizei oder wie in Mainz, an das Kreisgesundheitsamt gehen.

In Worms hat der Armenarzt für jeden Krankheitsfall wöchentlich einen Schein auszufüllen, der den Namen des Kranken, die Krankheit, Zahl der Besuche in der Wohnung des Kranken und des Arztes enthält.

In Berlin, wo bis dahin sogenannte epidemische Monatsberichte, später Vierteljahrsberichte und ein, bestimmte Fragen der Hygiene umfassender allgemeiner Jahresbericht bestanden, wurden, da diese Berichte den an sie zu stellenden Anforderungen bezüglich der Genauigkeit und Korrektheit nicht entsprachen und die aufgegebene Einreichung von unter sich übereinstimmenden Tabellen den Ärzten bereits eine zu umfangreiche statistische Arbeit zumutete, seit dem 1. Juli 1894 im Einvernehmen mit dem statistischen Amt und den betreffenden Ärzten, neue von der Ärztekommission entworfene Journale, unter Fortfall der Vierteljahrsberichte eingeführt.

Diese Journale zerfallen in zwei Teile, deren einer dem Arzt verbleibt und die für ihn wichtigen Angaben über den Kranken enthält, deren anderer, aus Zählkarten bestehend, die jeder Krankenreihe angefügt und leicht abtrennbar sind, stets im Februar des folgenden Jahres der Armendirektion zur weiteren Ausnützung und Verwertung für die Verwaltungsberichte u. s. w. eingesendet wird.

Die ausgefüllten Individual-Zählkarten gestatten nunmehr ein klares Bild über die städtische Armenpflege und lassen die Zahl der behandelten verschiedenen Personen und die Krankheitsfälle feststellen, was bisher unmöglich war. Die Karten enthalten außer der Nummer des ärztlichen Journals und des Medizinalbezirks, das Kalenderjahr, welches sie betreffen, ferner des Erkrankten Namen, Geschlecht, Alter, Wohnungslage, Familienstand, — ferner die Krankheitsdiagnose, die Angabe, ob, beziehungsweise welchem Krankenhaus überwiesen, ob Almosen- oder Pflegegeldempfänger, ob gestorben, ob bereits im laufenden Kalenderjahr in einem anderen Medizinalbezirk behandelt.

Da dieses mit Zählkarten verbundene Journal nach nunmehr sechsjähriger Einführung die Zufriedenheit der Armenärzte sowohl, wie der Armenverwaltung sich erworben hat, möge sein Abdruck im Interesse weiterer Verbreitung und Benutzung an dieser Stelle angemessen erscheinen.

(Es sei bemerkt, daß jede Seite des Journals für fünf Kranke eingerichtet ist).

Hieran schließe sich das in Frankfurt a. M. übliche, in gleicher Weise statistischen Zwecken dienende Formular des „Krankenregisters der städtischen Armenärzte". Eine Anzahl Formulare sind zu einem Buch geheftet, das nach Ablauf des Berichtsjahres der Armenverwaltung abgeliefert wird.

Der Vorzug des Berliner Formulars scheint mir in der Verbindung der Zählkarten mit dem Krankenjournal und der dadurch für den Armenarzt bequemeren Handhabung, für die statistische Bearbeitung leichteren Verwertung zu liegen.

III. Schlußbemerkungen.

Indem ich die Reihe dieser Erörterungen beschließe, bin ich mir wohl bewußt, daß ich für den in der Armenverwaltung seit Jahren Thätigen wenig Neues gebracht habe, indes hoffe ich, daß in der aus reichen Quellen hervorgegangenen Zusammenstellung auch dem Erfahrenen eine willkommene Grundlage der Vergleichung und Anregung gegeben sein und daß aus den Verhandlungen des Vereins, die sich an diese Anregung knüpfen mögen, manche nutzbringende Folgerung sich entwickeln wird.

Ich weiß wohl, daß die bei Besprechung der Besoldungsverhältnisse gegebene tabellarische Übersicht nicht ausreichen kann zu einer bestimmten Beurteilung dessen, was heutzutage im Durchschnitt üblich, was angemessen ist. Zu einer richtigen Würdigung dieser Zahlen müßte man eine ins einzelne gehende Erörterung der örtlichen Verhältnisse anknüpfen können. Das verbietet sich durch Lückenhaftigkeit des gebotenen Materials, es verbietet sich durch Zeit und Raum, wie sie für diese Besprechung zur Verfügung stehen. Trotzdem kann ich mich der Empfindung nicht erwehren, daß gar vielfach in unseren deutschen Landen, wie es das vorher citierte Urteil des stadtbremischen Jahresberichts von 1898 treffend bezeichnet, „die Honorierung der Armenärzte dem Maßstabe der Gegenwart nicht angemessen sei." Freilich, der Ausspruch eines eingegangenen Berichts: „die ärztliche Mitwirkung in der seit 1896 organisierten Armenpflege ist sehr verbesserungsbedürftig und hat nur den einen Vorzug, daß sie nicht kostspielig ist" — steht glücklicherweise ganz vereinzelt da.

Der Anruf der Bereitwilligkeit und der Humanität der Ärzte wird hoffentlich zu keiner Zeit ungehört verhallen, aber er darf auch nicht erfolgen, ohne zugleich die Verpflichtung der engeren und weiteren Kreise zu wecken, in der Fürsorge für die Armenkranken, wo es nötig ist, größere Opfer zu bringen. Dazu rechne ich, um weniger wohlhabenden Landstrichen die Wohlthat ärztlicher Hilfe zu sichern, das Eintreten der Kreise und Landarmenverbände und wo diese nicht ausreichen, die Mithilfe des Staats. In diesem Sinne haben einzelne Teile unseres Vaterlandes — Sachsen, Braunschweig, Bayern, Württemberg — bereits größere Summen zur Verfügung gestellt, allein es wird notwendig sein, **gesetzliche Anordnungen** für das ganze Deutschland einzuführen, wie sie z. B. in Italien bestehen, wo man in ausgebreiteter Weise Armenärzte angestellt hat, die mit bescheidener aber **pensionsfähiger** Besoldung zugleich der allgemeinen Gesundheitspflege dienen. Freilich, wollte man bei uns die Wirksamkeit der Armenärzte soweit ausdehnen, wie es Roth (a. a. O. Seite 84 ff.) wünscht, in der Weise, daß ihnen auch die Überwachung der Wasserversorgung, der Entwässerung und Beseitigung der Abfallstoffe, der Ernährungsfrage, der Schlachthäuser, der Wohnungen, der Armen- und Krankenhäuser, der Schulen, der Kindergärten, der Herbergen u. s. w. übertragen wird, so würde man aus ihnen Beamte schaffen, deren Thätigkeit aufhören müßte, eine **nebenamtliche** zu sein.

In Übereinstimmung mit dem Korreferenten Herrn Stadtrat Münsterberg behalte ich mir vor, der Versammlung zusammenfassende Leitsätze vorzulegen.

Berliner Krankenjournal mit Zählkarten.
Jahr ....

(Zählkarte [siehe S. 71] ist hier seitlich angefügt zu denken.)

Buch Nr.	Name und Vorname	Geburts- tag, Monat, Jahr	Wohnung: Straße, Nummer, Vorder-, Hinter- haus, Treppe,	Tag, Monat des Anfanges der Behandlung	Krankheit, Verlauf, Behandlung u. s. w.

NB. Jeder Bogen enthält Raum für fünf Nummern.

Die armenärztliche Thätigkeit.

Karte № .... bis ....

(Zutreffendes ist zu unterstreichen.)

Name:	männl.	Geburtstag, ...
Vorname:	weibl.	Monat,
dauernd unterstützt?		Jahr,

Jahr 189.... J. Nr. .... Med.-Bez. Nr. .... Anfang b. Behdlg. ....
aus vorigem Jahr. — Stockwerk .... vorn, hinten.
ledig, verh., eheverl., gesch., verw.; ehel., unehel., (Pflegekind),
    noch in Behandlung?
In welches Krankenhaus (Heimstätte) .... am ....
gestorben am ....; nur als Leiche besichtigt.

Diagnose:

Wurde Kranker im Berichtsjahr schon in einem andern Med.-Bez. behandelt?
    ja? nein?

Name:	männl.	Geburtstag, ...
Vorname:	weibl.	Monat,
dauernd unterstützt?		Jahr

Jahr 189.... J. Nr. .... Med.-Bez. Nr. .... Anfang b. Behdlg. ....
aus vorigem Jahr. — Stockwerk .... vorn, hinten.
ledig, verh., eheverl., gesch., verw.; ehel., unehel., (Pflegekind),
    noch in Behandlung?
In welches Krankenhaus (Heimstätte) .... am ....
gestorben am ....; nur als Leiche besichtigt.

Diagnose:

Wurde Kranker im Berichtsjahr schon in einem andern Med.-Bezirk behandelt?
    ja? nein?

Frankfurter „Krankenregister der städtischen Armenärzte".

Distrikt: ....
Pflegschaft: ....

18........—18........   № ....

1. Familienname.	2. Vornamen.

3. Geschlecht.	4. Alter.		5. Wohnung.	
	Jahre.	Monate.	Straße.	№

6. Zugang:			7. Zahl der	
von vor. Jahr übergegangen.	neu zugegangen.	aus Distr. übernommen.	Besuche.	Konsultationen.
Datum.				

8. Ausgang:						
Geheilt.	Ungeheilt.	in Distr. verzogen.	ins Hospital.	Gestorben.	nicht behandelt.	ins nächste Jahr übergegangen.
Datum.						

9. Krankheit:

10. Bemerkungen:

Printed by Libri Plureos GmbH
in Hamburg, Germany